Ratgeberecke

Haushalt und Finanzen

**Privatinsolvenz, Tricks, Tipps, Vereinbarungsentwürfe,
die wirklich Geld sparen**

**Andrea Meiling
Rainer Lehmann**

Bibliografische Information der Deutschen Nationalbibliothek
Die Deutsche Nationalbibliothek verzeichnet diese Publikation in der Deutschen Nationalbibliografie; detaillierte bibliografische Daten sind im Internet über http://dnb.d-nb.de abrufbar.

© 2007 Meiling Verlag   1. Auflage
Herstellung und Verlag: Books on Demand GmbH, Norderstedt
Autoren: Andrea Meiling & Rainer Lehmann
ISBN: 9783833490989

Liebe Leserin, lieber Leser,

als Hartz IV verabschiedet wurde, ahnten viele von uns, dass die einschneidenden Veränderungen wieder bei dem „kleinen Mann" stattfinden würden. Besonders betroffen davon sind die Familien. Es wurden in den vergangenen Jahren schon etliche Sozialleistungen zusammengestrichen - so scheint es fast aussichtslos, mit den jetzt geringen Mitteln eine Familie zu ernähren, geschweige denn, den Kindern eine Zukunft zu gewährleisten. Unser Buch wendet sich an die ständig wachsende Gruppe, der Menschen mit immer geringer werdenden Einkommen und bietet kleine aber effektive Hilfen an, gebündelt in einem Ratgeber, der erst einmal das Grundgerüst einer Familie abdecken soll. Anders als andere Ratgeberserien wird die „Ratgeberecke" aus eigner Erfahrung geschrieben und beinhaltet alle Sozialleistungen mit den entsprechenden Anlaufstellen und Formularen und bietet somit eine wirkliche Hilfefunktion. Wir werden die einzelnen Hilfen nicht nur streifen, sondern genau darauf eingehen. Durch exakte Erklärungen der Formulare und einem verständlichen Überblick über die dazugehörigen Gesetze, versuchen wir kleine Hintertürchen öffnen, wie man mit bestimmten Vorschriften umgehen kann, so dass man doch noch sein Recht bekommt. Und wir zeigen zuverlässige Wege dahin. Doch es ist nicht nur ein Buch für Familien, sondern für jeden, der in das löchrige Sozialnetz fällt oder kurz davor steht, und erst einmal nicht weiter weiß. Also letztlich eine Buchserie für jedermann, der ein enges Budget hat oder Hilfe im Dschungel der Sozialleistungen sucht und braucht.

Das Ordnen eines Haushaltes u. der Finanzen

Damit ist nicht die Ordnung an sich gemeint, sondern eine strukturelle, organisatorische Ordnung- hauptsächlich in den Finanzen- aber auch in den täglichen Pflichten.
Beschäftige dich nicht zu spät mit diesem Kapitel, sonst wächst dir alles über den Kopf. Wenn du noch zu Anfang grübelst, was du mit der vielen freien Zeit anfangen willst (wenn du beispielsweise arbeitslos wirst), so scheint sie dir nach etwa zwei Monaten regelrecht zwischen den Fingern zu verrinnen.

In diesem Kapitel werden wir dir Anregungen geben, die sich auch als nützlich erweisen, wenn Mann oder Frau eine Familie heiraten oder jemand eine WG gründen möchte.

Wir werden auf den Haushaltsplan eingehen und den so genannten Pflichten- und Regelplan, der das Zusammenleben neu gestaltet. Weiter werden wir Tipps und Tricks verraten, wie man rechtzeitig mit den zwangsläufig anfallenden Schulden umgehen sollte und wo Sparpotentiale liegen.

Haushaltsbuch - Grundgerüst der Finanzen

Das Haushaltsbuch kennst du vielleicht noch von deiner Großmutter, die präzise jeden Pfennig dort eingetragen hat. Damals noch amüsant, jetzt aber wieder notwendig und in Mode. Denn das hatte schon Methode, so weißt du am Monatsanfang, was dir am Monatsende übrig bleibt oder wo man etwas jonglieren muss.

Jedoch hat so ein Haushaltsplan nur dann einen Sinn, wenn sich wirklich alle daran halten. Wichtig: alles gehört in einen Topf, sämtliche Ausgaben müssen besprochen werden und jeder muss gewillt sein sich an einen solchen Plan zu halten. Wie ein solcher aussehen soll und was hinein gehört, behandeln wir im nächsten Abschnitt.

Aufstellen eines Familienbudgets

Das Familienbudget setzt sich aus allen Einnahmen
und sämtlichen Ausgaben eines Monats zusammen.
Jeder noch so kleine Betrag muss darin aufgeführt
werden, sonst wunderst du dich am Ende des betref-
fenden Monats, wieso du - trotz deiner tollen Planung
- kein Geld mehr hast. Denn da mal ein Euro und dort
zwei Euro summieren sich schnell zu 100 €.

Als **Einnahmen** zählen Geldbeträge, die du im Laufe
eines Monat erhältst, sei es als:

> ► Lohn
> ► Unterhalt
> ► Bafög
> ► Kindergeld
> ► Wohngeld
> ► Arbeitslosengeld
> ► Kinderzuschlag
> ► Rente

sowie alle weiteren regelmäßigen Einnahmen, als
auch einmalige Einnahmen wie z.B.:

> ► Steuererstattung (Steuern sind die un-
> durchsichtigste Sache der Welt, geh zu einem
> Lohnsteuerhilfeverein und du bekommst wirk-
> liche Hilfe.

> ► Kleinere Verkäufe

Als **Ausgaben** zählen alle Posten, die dir im Monat abgezogen werden, also als:

- ▶ Miete,
- ▶ Strom,
- ▶ Heizung,
- ▶ Unterhalt,
- ▶ Kredite,
- ▶ Telefon und Internet (hier eignet sich eine in der Mitte gelagerte Pauschalsumme),
- ▶ Benzin (hier auch als Pauschalsumme),
- ▶ Steuer (falls du selbständig bist),
- ▶ Haushaltsgeld (hier eignet sich eine wöchentliche Pauschalsumme mal vier Kalenderwochen),
- ▶ Kleidung (auch hier setze eine Pauschalsumme ein),
- ▶ Kindergartenbeitrag,
- ▶ Frühstücksgeld etc.

Wenn du alles aufgeschrieben hast, ordne es in dem nachfolgenden Schema ein und addiere die jeweiligen Posten.
Erhältst du eine übersteigende Summe (wie im Beispiel 1), nachdem du die Ausgabensumme von der Einnahmensumme abgezogen hast, so ist dein Haushaltsbudget im so genannten schwarzen Bereich und alles ist in Ordnung.
Hast du aber ein Minus (siehe Beispiel 2), dann solltest Du schnellstens an Einsparungen denken und einiges verändern.

Um die Ausgaben, die du pauschal angesetzt hast auch wirklich im Auge zu behalten, führe diese auf dem nächsten Blatt gesondert auf und rechne diese Woche für Woche ab. So hast du alle Kosten wirklich erfasst und kannst etwas im nächsten Monat ändern, wenn du zu viel ausgegeben hast (Beispiel).
Denke aber immer daran, Haushaltsgeräte und Kinder haben die Angewohnheit grade dann für ungeplante Ausgaben zu sorgen, wenn es überhaupt nicht in die Finanzlage passt. Also sorge immer für ein gewisses Sparpolster und baue den Posten in die monatlichen Ausgaben ein. Und wenn es nur 10 € sind, auch diese summieren sich und retten deinen Haushaltsplan.

Beispiel 1

Einnahmen		*Ausgaben*	
Lohn	1.700,00	Miete	900,00
Kindergeld	300,00	Haushaltsgeld	500,00
Elterngeld	300,00	Telefon	50,00
		Strom	50,00
		Benzin	120,00
Summe	2.300,00 €	Summe	1.620,00 €

2300,00- 1620,00

680,00   **680 € bleiben übrig**

Beispiel 2

Einnahmen		Ausgaben	
Lohn	1.100,00	Miete	750,00
Kindergeld	157,00	Haushaltsgeld	500,00
		Telefon	30,00
		Strom	70,00
Summe	1.257,00 €	Benzin	60,00
		Summe	1.410,00 €

```
   1.257,00
-  1.410,00
_____

-   153,00
eingespart werden
```

153 € sind zu viel und müssen

Beispiel 3

Haushaltsgeld   Monatlich   500 € : 4 Wochen = 125 € pro Woche

Benzingeld   Monatlich   60 € : 4 Wochen = 15 € pro Woche

Hier noch ein Beispiel für einen einfach erstellten Haushaltsplan:

Stand per:

Einnahmen		*Ausgaben*	
Lohn/Gehalt	_____	**Miete**	_____
Lohn/Gehalt	_____	**Heizkos-ten**	_____
Leistungen des Arbeitsamtes	_____	**Energie**	_____
Krankengeld	_____	**Unterhalt**	_____
Sozialhilfe	_____	**Versiche-rungen**	_____
Rente	_____	**PKW (s. Tabelle)**	_____
Kindergeld	_____	**GEZ/Kabelfernsehen**	_____

Kindergeldzu-schlag	_____	Zei-tung/Zeits chrift/Abo s	_____ —
Erziehungs-geld (bis..........)	_____	Vereins-beiträ-ge/Hobby	_____ —
Wohngeld (bis..........)	_____	Gewerk-schafts-beiträge	_____ —
Beihilfen	_____	Kita/Hort	_____ —
Unterhalt	_____	Haustier	_____ —
Unterhaltsvor-schuss (bis........)	_____	Telefon	_____ —
Sonstiges	_____	Fahrkos-ten	_____ —
Sonstiges	_____	Raten	_____ —
Sonstiges	_____	Sonstiges	_____ —
./. Gesamtausgaben _____			

Zwischensummen		
./. Lebenshaltungskosten	(sollte zumindest ca. 250,-- bei Alleinstehenden betragen, 125,-- bis ca. 200,-- zusätzlich für jeden Haushaltsangehörigen)	
Rest:	Frei verfügbarer Einkommensanteil	

12

Versicherungen:

Zahlweise	
1. private Haft-pflichtver-sicherung	_____
2. Haus-rat/Glasve rsicherung	_____
3. Unfall	_____
4. Lebens-versiche-rung	_____
5. Rechts-schutz	_____

6. private Kranken-versiche-rung	_____
7. Kranken-haustage	_____
8. Bausparve rträge	_____
9. Sonstige	_____
Summe	_____

Laufende Kosten des PKW/ Motorrads pro Monat:

KFZ-Steuer

_____

14

KFZ-Versicherung

_____

Lfd. Kosten/Reparaturen

_____

Benzin

_____

Sonstiges

_____

Summe monatliche Kosten:

_____

Vereinbarte Raten/Sonstiges:

1.

_____

_____

2.

_____

_____

3.

_____

_____

15

4.

_____

_____

5.

_____

_____

6.

_____

_____

Quelle: www.schulden-online.de

Plötzliche Kosten - Verhalten und Möglichkeiten

Unerwartete Kosten können jeden erwischen. Sei es der Herd oder Kühlschrank oder die lieben Kinder, die für ungeplante Ausgaben sorgen. Natürlich ist solch ein Sparpolster ganz nett, doch häufig nicht da, wenn man es braucht.

Finger weg in solchen Situationen von Krediten oder Kreditkarten, denn der so genannte Kredit entpuppt sich schnell als Schuldenfalle.

Am besten ist natürlich, wenn du rechtzeitig von diesen Unkosten erfährst und sie so in dein Haushaltsbudget einplanen kannst.

Haushaltsgegenstände kann man oft günstig gebraucht bekommen, gute Adressen sind deine Tageszeitung mit dem Annoncenteil oder im Internet unter **www.ebay.de, www.guenstiger.de, www.dhd24.de, www.elektroscout.de**. Hier kannst du für wenig Geld gebrauchte oder aber auch neue Dinge erstehen.

Ferienfahrten der Kinder werden oft Monate vorher ankündigt, aber was ist, wenn dein Zahnarzt dir sagt, du brauchst eine neue Krone und deine Krankenversicherung bezahlt nur so wenig, dass dein Zahnarzt nicht einmal mit der Füllung anfangen könnte.

Keine Bange, das wichtigste ist eine positive Grundhaltung und die Gewissheit, dass in Deutschland fast jeder Haushalt verschuldet ist und du somit kein Einzelfall bist. Also Kopf hoch, Haushaltsbuch ran, unser Buch daneben und du wirst sehen, auch hier gibt es Möglichkeiten.

Ratenvereinbarungen - immer den Überblick behalten

Du hast zum einen die beliebte Möglichkeit der Ratenvereinbarung. Egal, um was es sich handelt, gern greifen Gläubiger, Banken und jetzt auch Rechtsanwälte und Zahnärzte darauf zurück.

Grundsatz hier: nach Möglichkeit nur **eine** Ratenvereinbarung und nur wenn es das Haushaltsbudget zulässt – nur als letzte Möglichkeit das Sparpolster angreifen! Und immer den Überblick behalten! Überlege, ob du wirklich etwas Neues, Teures brauchst, oder ob du nicht lieber in dieser Situation auf etwas Günstiges oder Gebrauchtes ausweichst.

Sind mehrere Anschaffungen wirklich notwendig, dann teile den freien Betrag gleichmäßig auf und richte jeweils einen Dauerauftrag ein, so hast du alles selbst in der Hand und kannst bestimmen, wann die Zahlung wirklich aufhört. Eine Einzugsermächtigung vereinfacht die Abbuchung der wiederkehrenden Zahlungen, aber du verlierst schneller den Überblick, da sich kaum jemand exakt an das angegebene Datum zum Einziehen der Rate hält. Die Abweichungen können bis zu drei Wochen betragen und das bringt die sämtliche Planung nachhaltig durcheinander. Ratenvereinbarungen kann man aber auch bei aufgelaufenen Schulden anwenden.

Heutzutage gehen selbst Privatleute auf eine Ratenvereinbarung ein. Wie so eine Ratenvereinbarung
aussehen kann, siehst du in unserem nächsten Beispiel. Es ist ein allgemeiner Antrag auf Ratenvereinbarung.

Beispiel Ratenvereinbarung

Marion Habnix   Keinegelderstraße 1,
12345 Kleinspardorf 01.01.2007

Jedemenge Versand
Postfach 12345
89500 München

Sehr verehrte Damen, sehr geehrte Herren,

am 01.07.2006 kaufte ich bei Ihnen einen Herd für
400 €. Leider ist es mir zurzeit nicht möglich den
Kaufpreis in einer Summe zu begleichen.
Ich bitte Sie deshalb eine monatliche Ratenzahlung ab
dem 01.02.2007 von 50,00 € zu akzeptieren.
Nur so wäre es mir möglich meine Verbindlichkeiten
zu begleichen und trotzdem meine finanzielle und
wirtschaftliche Situation unter Kontrolle zu behalten.
Für einen positiven Bescheid wäre ich Ihnen dankbar.

Mit freundlichem Gruß

Oder ein anderes Beispiel für eine Ratenvereinbarung

Marion Habnix   Keinegelderstraße 1,
23345 Kleinspardorf 01.01.2007

Verwaltung von Großspardorf
Postfach 12345
99999 Großspardorf

AZ Großabgabe 12/06

Sehr verehrte Damen, sehr geehrte Herren,

aufgrund meiner finanziellen und wirtschaftlichen Situation ist es mir momentan nicht möglich die o. g. Großabgabe 12/06 in einer Summe zu begleichen.
Ich bitte Sie deshalb, mir ab 01.02.2007 eine monatliche Ratenzahlung von 20,00 € zu gewähren. Über diesen Betrag würde ich einen Dauerauftrag einrichten.
Ich würde mich freuen, einen positiven Bescheid von Ihnen bis zum 15.01.2007 zu erhalten.

Mit freundlichem Gruß

_____
        Unterschrift

und ein weiteres Beispiel für eine Stundung:

Monika Pimpelhuber,Pechallee 27, 88888 Glückstadt,

Empfänger

Antrag auf Ratenzahlung
Aktenzeichen:.........Stundung vom ......

Sehr verehrte Damen, sehr geehrte Herren,

vielen Dank für die gewährte Stundung.
Leider haben sich meine Einkommensverhältnisse
immer noch nicht wesentlich gebessert. Mein Einkommen beläuft sich derzeit auf _____ €. Um
dennoch meine Verbindlichkeiten bei Ihnen zu begleichen, unterbreite ich Ihnen hiermit den nachfolgenden Vorschlag: Sie schreiben Ihre Gesamtforderung, einschließlich Kosten und Zinsen, auf den Betrag von _____ € fest. Auf diesen Betrag zahle
ich, beginnend einen Monat nach Ihrer schriftlichen
Bestätigung, eine monatliche Rate von _____ €.
Die Zahlungen werden gemäß § 497 Satz 3 BGB ver-
rechnet. Nach Eingang der letzten Raten senden Sie
mir einen Erledigungsvermerk, sowie – so vorhanden
– den entwerteten Titel zu.
Über einen positiven Bescheid würde ich mich freuen
und danke für Ihr Verständnis.

Mit freundlichen Grüßen

_____

Unterschrift

Im darauf folgenden Beispiel zeigen wir dir wie eine Selbstauskunft (damit jeder weiß, was bei dir nicht zu holen ist) aussieht (fast wie der monatliche Haushaltsplan) und hilft ungemein bei Schulden. Diese Selbstauskunft solltest du unbedingt bei Ratenvereinbarungen mitschicken.

Beispiel Selbstauskunft 1

Marion Habnix, Keinegelderstraße 1, 12345 Kleinspardorf,

Firma
Alles im Lot
Postfach 45678
11111 Millionenstadt

Rechnung Nr. …………..
vom………über………€
Mein Schreiben vom …………… Antrag auf Ratenzahlung

Sehr verehrte Damen, sehr geehrte Herren,

damit Sie meinen Antrag auf Ratenzahlung besser nachvollziehen können, übermittele ich Ihnen meine freiwillig **Selbstauskunft-** zu meinen wirtschaftlichen Verhältnissen.

	Antragsteller	*Ehegatte*

Name   Habnix

Vorname   Marion

geb.   29.02.1973

wohnhaft   Kleingelderstrasse 1,
                 12345 Kleinspardorf

Arbeitgeber   Lohntüten GmbH in Kleinspardorf

beschäftigt seit   01.10.1999

als   Reinigungskraft

Nettoeinkommen .... 1200,00 €

monatliche Abzüge

Miete........................... 340 €

Strom......................... 60 €

Unterhalt .... 120 €

Bankverbindung:

Hausbank,

BLZ:............., Konto.............

Andere Schulden und Ratenvereinbarungen:

Max Meyer........... 40 €

Haben Sie eine eidesstattliche Versicherung abgege-
ben oder läuft ein entsprechendes Verfahren gegen
Sie?   Ja / Nein

Ich/Wir versichere/n, dass diese Angaben vollständig
sind und der Wahrheit entsprechen und bestätige/n
durch meine/unsere Unterschrift das Einverständnis
weitere Auskünfte bei Banken, Behörden und Sonstigen Einrichtungen einzuholen.

Unterschrift   _____

Manchmal reicht aber auch so eine Selbstauskunft aus wie im Beispiel 2

<u>Selbstauskunft</u>

Name:		
Vorname:		
Geburtsdatum:		
Anschrift:		
Tel.-Nr. privat:		
Tel.-Nr. gesch.:		
Arbeitgeber:		
Dort beschäftigt seit:		
Beruf:		
Nettoeinkommen (und Anzahl der Gehälter):		
Weitere Bankver- bindungen (BLZ, Kto-Nr., Filiale):		

Haben Sie schon einmal eine Eidesstattliche Versicherung abgegeben oder läuft ein entsprechendes Verfahren gegen Sie?		

Ich/Wir versichere/n, dass diese Angaben vollständig sind und der Wahrheit entsprechen und bestätige/n durch meine/unsere Unterschrift das Einverständnis weitere Auskünfte bei Banken, Behörden und Sonstigen Einrichtungen einzuholen.

Hamburg, den _____

Unterschrift _____

Stundungen - realistisch und mit Weitsicht planen

Eine weitere Möglichkeit ist die Stundung. Angenommen, du bist mit einigen Raten in Rückstand gekommen, weißt aber, dass dir in etwa 4 Wochen eine garantierte Auszahlung ins Haus steht, zum Beispiel eine Nachzahlung des Erziehungsgeldes.

Um weitere Kosten wie Mahngebühren oder Gerichtskosten zu vermeiden, solltest du, wie im nachfolgenden Beispiel gezeigt wird, eine Stundung rechtzeitig beantragen.

Das bedeutet, dass du dich verpflichtest, dass die ausstehenden Zahlungen von dir bei Eingang des zu erwartenden Geldes und zum versprochenen Termin getilgt werden. Ein Schreiben, aus dem die zu erwartende Zahlung an dich hervorgeht, legst du vorsorglich dem Stundungsantrag bei.

Dabei solltest du realistisch sein und nicht von Geldern ausgehen, die dir nicht durch ein förmliches Schreiben fest zugesichert sind. Unsere Ämter sind berüchtigt dafür, am Telefon alles Mögliche zuzusichern, aber dann einen Ablehnungsbescheid zu schicken.

Auf diese Möglichkeit des Zahlungsaufschubs lassen sich viele Gläubiger ein.

Beispiel 1 für einen Stundungsantrag

N a m e   O r t, 01. Januar 2007
S t r a ß e 00
Tel.:   ....

Rechtsanwalt ....
Straße ....PLZ   Ort......................

Betrifft: .... Verbindlichkeit über
EUR.................
T e i l z a h l u n g s v e r g l e i c h vom
....
Monatliche Raten-Zahlungen in Höhe von ....€

Sehr geehrter Herr ....,

aufgrund des getroffenen Teilzahlungsvergleiches
leiste ich monatliche Ratenzahlungen in Höhe
von…€.
Ich muss Sie heute darüber informieren, dass mein
derzeitiger Arbeitgeber, die Firma .... am
..........vorläufige Insolvenz und am ...... Insolvenz
anmelden musste. Aus Liquiditätsgründen wurde
mein Arbeitsverhältnis vom Insolvenzverwalter
schließlich mit Wirkung zum .... beendet.
Seit dem .... bin ich arbeitslos gemeldet. Mit
Datum vom .... leistete ich meine letzte
Zahlung auf Ihr Konto bei der ....Bank.
Durch die drastische Reduzierung meiner Nettobezü-
ge ist es mir momentan nicht möglich meinen Zahlungsverpflichtungen pünktlich nachzukommen.

Aus diesem Grunde bitte ich Sie, die Ratenzahlungen für die Monate *Januar 2007*, *Februar 2007* und *März 2007* zu stunden.

Bereits seit der drohenden Arbeitslosigkeit bemühe ich mich bundesweit intensiv auf verschiedenen Wegen ein neues Beschäftigungsverhältnis als .... zu finden.

Mein Wissen und meine Erfahrungen machen mir Mut, dass es mir bis Ende März 2007 gelingt wieder eine gleichwertige Position einzugehen.

Zurzeit sind ....Bewerbungen eingereicht, wobei mir mitgeteilt wurde das ich in....... Unternehmen schon zum engeren Kreis der Kandidaten gehöre.

Sie können sicher sein, das ich im privaten Bereich meine Kosten auf ein Existenzminimum heruntergefahren habe und mir durchaus der Konsequenzen bewusst bin.

Mit einer positiven Entscheidung würden Sie mir helfen, Kosten zu sparen und trotzdem die Situation unter Kontrolle zu behalten. Ich werde alles unternehmen um durch ein neues Beschäftigungsverhältnis meine Zahlungen so schnell wie möglich wieder aufzunehmen.

Mit freundlichem Gruß

N a m e

Beispiel 2 für einen Stundungsantrag

Marion Habnix, Keinegelderstraße 1, 12345 Kleinspardorf
Empfänger

_____

_____

Rechnung Nr. .... vom................. ü-
ber................€
Antrag auf Stundung
Aktenzeichen.................

Sehr verehrte Damen, sehr geehrte Herren,

aufgrund meiner finanziellen und wirtschaftlichen
Verhältnisse ist es mir derzeit nicht möglich Ihnen
Ratenzahlungen anzubieten.
Ich beziehe ein monatliches Einkommen von
_____€, von dem ich meine notwendigsten
Kosten bestreiten muss.
Eine Einkommensverbesserung ist bis zum
_____ nicht zu erwarten, da ich mich
noch in der Ausbildung befinde und erst nach deren
erfolgreicher Beendigung eine Chance auf ein höhe-
res Einkommen haben werde.
Um die Kosten und Zinsen nicht weiter anlaufen zu
lassen, bitte ich Sie für die Dauer von einem Jahr von
Vollstreckungsmaßnahmen abzusehen, sowie um eine
zins- und kostenfreie Stundung.
Diesem Schreiben füge ich einen Einkommensnachweis, sowie eine Ausgabenübersicht bei.

Ich würde mich freuen, von Ihnen eine positive Antwort zu erhalten. Für Ihr Verständnis bedanke ich mich recht herzlich.

Mit freundlichen Grüßen

_____

Unterschrift

Anlage: Einkommensnachweise, Übersicht über Ausgaben

andere Möglichkeiten

Kommst du mit den bisherigen Vorschlägen nicht
weiter, bleiben dir nicht mehr viele Möglichkeiten.
Aber es gibt noch Einiges, was Erfolg versprechend
sein könnte.

Zum Beispiel könntest du einen Vergleich anbieten.
Ein Vergleich bedeutet, dass du dich zur Zahlung
eines Teils der Gesamtsumme verpflichtest und der
Gläubiger dir entgegen kommt, in dem er auf den
anderen Teil der ausstehenden Summe verzichtet.
Relativ selten in der Praxis, aber wenn du Glück hast,
werden dir die horrenden Zinsen und Mahngebühren
erlassen.

Beispiel für Vergleichsangebot

Marion Habnix, Keinegelderstraße 1, 12345 Kleinspardorf

Firma
Egon Besserwisser
Mehrgelderweg 6
54321 Riesenspartopf

Rechnung Nr. ………….. Vom…………… über……….€
AZ:……………………..

Sehr verehrte Damen, sehr geehrte Herren,

unter dem o. g. Aktenzeichen wird der bisherige Schriftverkehr geführt.

Meine finanzielle und wirtschaftliche Situation hat sich in den letzten Monaten aufgrund von ………..derart verschlechtert, dass es mir momentan nicht möglich ist, die ausstehende Gesamtsumme von 450,00 € in einem Betrag zu zahlen. Deshalb unterbreite ich Ihnen den nachfolgenden Vorschlag:

Sie verzichten auf die entstandenen Mahnkosten und Zinsen in Höhe von 42,30 €, ich verpflichte mich, die restliche Summe in drei Monatsraten ab dem 01.02.2007 zu zahlen. Über den monatlichen Ratenbetrag würde ich einen Dauerauftrag einrichten.

Ich würde mich freuen, Ihre Antwort bis zum
15.02.2007 zu erhalten.

Mit freundlichem Gruß

Unterschrift _____

Beispiel für Einmalzahlung:

Marion Habnix, Keinegelderstraße 1, 12345 Kleinspardorf   01.01.2007

Empfänger

_____

_____

_____

_____

**Erledigung Ihrer Forderung/en durch eine einma-
lige Zahlung**

Aktenzeichen: _____

Sehr geehrte Damen und Herren,

seit geraumer Zeit haben Sie eine Forderung mir gegenüber, die ich bisher nicht erfüllen konnte.
Es besteht nun für mich die Möglichkeit, durch Zahlung eines Dritten einen Vergleichsbetrag zur Verfügung gestellt zu bekommen.
Ich könnte Ihnen daher zur Begleichung der oben
genannten Verbindlichkeiten einmalig einen Vergleichsbetrag in Höhe von _____ € anbieten.
Das Geld könnte einen Monat nach Ihrer schriftlichen
Zustimmung und Ihrer Bestätigung, dass Sie auf die
Restforderung verzichten, angewiesen werden.

Nach Eingang des Geldes bitte ich um Zusendung des entwerteten Titels sowie eines Erledigungsvermerks. Soweit die Forderung bei der SCHUFA gemeldet wurde, bitte ich Sie um eine Erledigungsmitteilung an die SCHUFA.
Vielen Dank für Ihre Hilfe.

Mit freundlichen Grüßen

_____

Unterschrift

Eine weitere Möglichkeit ist der **Forderungsverzicht** durch den Gläubiger, passiert relativ selten, aber vielleicht hast du ja Glück damit. Wie ein solches Schreiben aussehen muss, zeigen wir dir im nächsten Beispiel:

Beispiel Forderungsverzicht

Marion Habnix, Keinegelderstraße 1, 12345 Kleinspardorf

Empfänger

_____

_____

Ausbuchung der Forderung

Aktenzeichen: _____

Sehr verehrte Damen, sehr geehrte Herren,

seit geraumer Zeit haben Sie eine Forderung mir gegenüber, die ich bisher nicht erfüllen konnte. Auch in Zukunft wird sich mein Einkommen von derzeit _____ € nicht verändern. Aufgrund meiner Krankheit werde ich dauerhaft erwerbsunfähig sein, so dass eine Einkommensverbesserung – auch langfristig gesehen – nicht zu erwarten ist. Ich bitte Sie daher um Ausbuchung und damit Verzicht Ihrer Forderung. Zur Glaubhaftmachung meiner Angaben sende ich Ihnen meinen aktuellen Einkommensnachweis. Ich bedauere die Situation sehr, sehe aber momentan keine andere Möglichkeit die derzeitige Situation zu verändern.
Vielen Dank für Ihr Verständnis und Ihre Hilfe.

Mit freundlichen Grüßen

_____
          Unterschrift

Hilft dir das nicht weiter, so kannst du an Hand unserer Buchserie nachlesen, ob du wirklich alles an Hilfe bekommst, was dir zusteht.

Kaum jemand weiß zum Beispiel etwas vom Kinderzuschlag; auch die richtige Berechnung einiger sozialer Leistungen scheint in vielen Ämtern ein Buch mit sieben Siegeln zu sein.

Vielleicht findest du auch hier eine andere Möglichkeit zum Einsparen. Second hand Shops boomen und das nicht ohne Grund.

Klopft der Gerichtsvollzieher überraschend an die Tür, dann keine Angst. Meistens kann man mit dem Beamten reden und oft genug weisen sie auch auf Möglichkeiten der Schuldentilgung hin. Wie zum Beispiel ein Ratenabzahlungsangebot an den Gläubiger.

Beispiel Ratenabzahlung bei Vollstreckungsbescheid:

Marion Habnix ....Ort, Straße............Tel.:...............

Herrn Rechtsanwalt

....

....

....

Vollstreckungsbescheid vom......... beim Amtsgericht............., Mahnabteilung über EUR............

Antragsteller..

Geschäftszeichen..

Sehr geehrter Herr............,

bedingt durch das Zusammentreffen mehrerer unglücklicher Umstände bin ich zum................. arbeitslos geworden. Ich kann trotz massiver Einsparungen, meinen Zahlungsverpflichtungen nicht mehr nachkommen. Aus dieser finanziellen Notlage heraus, kann ich Ihre begründete Gesamtforderung nur in Raten bezahlen, nämlich monatlich EUR............ab dem................Bitt setzen Sie das Vollstreckungsverfahren aus, bis zur endgültigen Begleichung Ihrer Forderung. Ich bedanke mich im Voraus für Ihr Verständnis.

Mit freundlichem Gruß

................................Unterschrift

Anlage: Bewilligungsbescheid Arbeitslosengeld

Kannst du keine der von ihm angebotenen Möglichkeiten, wie z.B. eine in der Regel 5-6monatige Ratenzahlung an den Gerichtsvollzieher, wahrnehmen,
dann bleibt dir immer noch die <u>eidesstattliche Versi-
cherung</u>. Dabei werden deine Vermögenswerte bzw.
deren Nichtvorhandensein erfasst. Du bekommst einen Eintrag für 3 Jahre in die <u>Schufa</u> und dein Gläubiger die Versicherung, dass bei dir wirklich nichts zu
holen ist.

Doch der Schufaeintrag bedeutet für dich, dass du
keinerlei seriöse Kredite mehr bekommst, nicht einmal mehr bei einem Versandhaus. Gleichzeitig kann
es dir passieren, dass auch deine Dispositionskredite
und Kreditkarten gekündigt werden.

Dispositionskredite sind manchmal sehr nützlich,
verführen aber in der Regel zu Geldausgaben, die du
dir gar nicht leisten kannst. Von den hohen Zinsen
ganz zu schweigen. Hast du den Fehler gemacht, einen Dispositionskredit in Anspruch genommen zu
haben und kommst da einfach nicht mehr heraus,
dann gehe zu deiner Bank und vereinbare dort eine
monatliche Rückzahlung. Hast du diese regelmäßig
geleistet, wird dieser Schuldenberg nicht auf dich
zukommen und du kannst ganz in Ruhe alles zurückzahlen.

Eine der letzten Möglichkeiten besteht im Aufsuchen
einer Schuldnerberatung. Doch aufgepasst! Scheinbar
seriöse Unternehmen schießen wie hungrige kleine
Monster aus dem Boden! Sie versprechen sofortige

Hilfe für Schuldner, aber in Wirklichkeit fordern sie eine horrende Rechnung für die bereits vorgestellten Hilfen oder bieten unseriöse Kredite an, für die du hohe Gebühren vorab bezahlen sollst, ohne je das Geld dafür zu erhalten.

Eine wirkliche Hilfe erhältst du von einer <u>Schuldnerberatung in öffentlicher Trägerschaft</u> wie z.B. vom DRK oder der Diakonie (eine stets aktuelle Liste von Beratungsstellen kannst du bei **www.schulden-online.de** einsehen.), doch die Wartezeiten können bis zu 6 Monate betragen.

Bei der Schuldnerberatung wird man von dir erwarten, dass du alles offen legst, sämtliche Ausgaben wie Einnahmen. Man wird dich beraten, dir Hilfen anbieten, zum Beispiel bei Schreiben an die Gläubiger, und dich bis zur Begleichung deiner Schulden begleiten.

Bereite Dich auf dieses Gespräch gut vor und hefte alle Unterlagen in einen Aktenordner. Fertige eine Aufstellung deiner Schulden schon mal selbst an. Ein Beispiel dafür, wie so eine Aufstellung aussehen kann, haben wir für dich vorbereitet.

Aufstellung der Forderungen Beispiel:

Gläubigerliste / Forderungsaufstellung

Nr.	Gläu biger	Forde-rungshöhe	Vereinba-rungen	Ti-tel/Abtre tung

(Quelle www.schulden-info.de)

Du kannst dir auch unter:
www.mahnverfahren-
aktu-
ell.de/Kontakte/Zentrale%20Mahgerichte/zentrale%2
0mahgerichte.html
die Mahngerichte in Deutschland heraussuchen und
dort nach laufenden Mahnverfahren gegen dich an-
fragen. Da hast du dann schon einmal die aktuellsten
Schulden zusammen.
Sollten deine Schulden einfach zu hoch sein, dann
nicht den Kopf hängen lassen.
Der Gesetzgeber hat die private Insolvenz oder auch
hochtrabend „Verbraucherinsolvenz" eingeführt, die
wir dir mit allen Vor- und Nachteilen jetzt erklären
werden.

Privatinsolvenz

Angesichts der immer größer werdenden Verschuldung privater Haushalte hat der Staat vor einigen Jahren diese Möglichkeit der Entschuldung für Privatpersonen eingeführt. Die Zahl derer, die darauf zurückgreifen, wächst genauso beharrlich und im gleichen Verhältnis, wie die sozialen Leistungen abgebaut werden. Also brauchst du dich in keiner Weise zu schämen. Mit deinen Schulden befindest du dich in illustrer Gesellschaft, selbst unser Staat ist schwindelerregend verschuldet.

Wenn du absolut keine Einsparmöglichkeiten mehr hast und die Schulden ersticken dich fast, dann hast du nichts mehr zu verlieren und solltest die Privatinsolvenz anmelden.

Der eindeutige Vorteil ist hier, dass du in 6 Jahren schuldenfrei bist, egal wie hoch deine Schulden sind. Doch es gibt natürlich auch Nachteile, sonst würde die Insolvenz nicht als letzte aller Möglichkeiten aufgeführt werden.

Die Nachteile werden wir dir als erstes aufführen. Kredite werden gekündigt und manche Banken werden dir auch das Girokonto kündigen. Dem kannst du entgegen wirken, wenn du von dir aus schon die Banken anschreibst. Weise sie auf die bevorstehende Privatinsolvenz hin und lass dein Girokonto auf Guthabenbasis umstellen.

Du wirst den Offenbarungseid leisten müssen und der wird in deiner Schufa eingetragen werden. Hast du eine berufliche Funktion, in der du mit größeren Geldsummen zu tun hast, dann kann diese Privatinsolvenz für manchen Arbeitgeber ein Grund für eine Kündigung sein. Das sind nur einige der Nachteile, aber wahrscheinlich die gravierendsten.

Wie funktioniert nun eine Privat- oder auch Verbraucherinsolvenz?

Erst musst du eine gütliche, außergerichtliche Einigung mit deinen Gläubigern suchen. Dabei erstellst du in Zusammenarbeit mit Rechtsanwälten oder der Schuldnerberatung einen so genannten Schuldentilgungsplan. Dieser muß enthalten:

▶ Deine Einnahmen
▶ Dein Vermögen
▶ Deine Familienverhältnisse
▶ Ein Verzeichnis sämtlicher Schulden und Gläubiger (dazu solltest du eine aktuelle Forderungsaufstellung vom Gläubiger anfordern)
▶ Und ganz wichtig, einen Tilgungsplan (du bietest in einem Tilgungsplan allen Gläubigern eine Begleichung der Schuld in Höhe von mindestens 10%, maximal jedoch 20% der Gesamtschuldsumme an)

Hier ein Beispiel für eine Forderungsaufstellung

Außergerichtlicher Einigungsversuch gemäß § 305 Abs. 1 Insolvenzordnung

Gläubiger:
Ihr Zeichen:

Sehr geehrte Damen und Herren,

da ich überschuldet und zahlungsunfähig bin strebe ich zunächst mit Ihnen eine außergerichtliche Lösung zur Schuldenbereinigung an um ein für alle Beteiligten zeit-, arbeits- und kostenaufwendiges gerichtliches Insolvenzverfahren zu vermeiden. Im Rahmen meiner finanziellen und persönlichen Möglichkeiten werde ich Ihnen deshalb in Kürze einen Zahlungsvorschlag unterbreiten.

Um diesen vorzubereiten, muss ich zunächst alle bestehenden Forderungen erfassen, da sich mein Vorschlag nach dem Anteil Ihrer Forderung an meiner Gesamtverschuldung richten wird. Ich bitte Sie deshalb gemäß § 302 Insolvenzordnung um Überlassung folgender Unterlagen:

- Forderungsaufstellung (aufgeschlüsselt nach § 497 Abs. 3 bzw. § 367 Abs. 1 BGB),
  Kopie des Titels

- Benennung geltend gemachter rechts-gültiger Sicherheiten (Art der Sicherung, Kopie der Urkunde, Datum, Höhe der gesicherten Forderung)

Falls sich der Gläubiger durch einen Rechtsanwalt/Rechtsanwältin oder ein Inkassounternehmen vertreten lässt:

- Vollmacht des Auftraggebers in Kopie

Sollten Sie weitere Forderungen gegen mich geltend machen, bitte ich ebenfalls um Überlassung der o. g. Unterlagen. Bitte bereinigen Sie die Forderung ggf. um bereits verjährte Bestandteile.

Weiter bitte ich Sie, für die Dauer des außergerichtlichen Einigungsverfahrens auf Zwangsvollstreckungsmaßnahmen zu verzichten, um meine Bemühungen auf eine gütliche Einigung nicht zu gefährden.

Ich danke für Ihr Verständnis und Ihre Kooperationsbereitschaft. Für Ihre Rückantwort habe ich mir eine Frist bis zum .... notiert. Es würde dem Fortgang des Einigungsversuches auch in Ihrem Interesse sehr nützen, wenn mir bis dahin die erbetenen Unterlagen vorlägen.

Mit freundlichen Grüßen

....
(Unterschrift)

oder eine ganz einfache Anforderung wie im nächsten Beispiel:

Absender

Empfänger

_____

_____

Anforderung einer Forderungsaufstellung

Aktenzeichen: _____

Sehr geehrte Damen und Herren,

um mir eine genauen Überblick über meine Verschuldung zu verschaffen, bitte ich Sie um
Überlassung folgender Unterlagen:

- Forderungsaufstellung (aufgeschlüsselt nach § 497 Abs. 3 bzw. § 367 Abs. 1 BGB),
  Kopie des Titels

- Benennung geltend gemachter rechtsgültiger Sicherheiten (Art der Sicherung, Kopie der
  Urkunde, Datum, Höhe der gesicherten Forderung)

(Falls sich der Gläubiger durch einen Rechtsan-walt/Rechtsanwältin oder ein Inkassounternehmen vertre-ten lässt:)

- Vollmacht des Auftraggebers in Kopie

Bitte bereinigen Sie die Forderung ggf. um bereits verjährte Bestandteile.

Vielen Dank für Ihre Mühe.

Mit freundlichen Grüßen

_____

(Ort, Datum Unterschrift)

Ein Beispiel für einen Tilgungsplan kannst du dir am Ende des Buches ansehen. Wir raten dir aber davon ab, diesen selbst zu erstellen, wenn du nicht gerade Buchhalter oder einen ähnlich gearteten Beruf hast, denn es darf dir wirklich kein Fehler unterlaufen. Aber das Begleitschreiben dazu liefern wir dir hier:

Sebastian Immerdumm   89500 München,
01.04.2007
                                           Kaiser-
weg 28
                                           Telefon:
0000
Persönlich/vertraulich

Herrn
Klaus Meistermacher
c/o Autohaus Müller
Kölner Str. 53
89500 München

**Rechnung Nr. 9988 vom ………….über €
23.400,00**
Ratenzahlung € 450,00
Schuldenbereinigungsplan
Außergerichtlicher Einigungsversuch

Sehr geehrter Herr Meistermacher,

aufgrund einer Betriebsbedingten Kündigung meines
Arbeitgebers bin ich zum 31. März 2007 arbeitslos
geworden und beziehe gemäß Bescheid der Agentur
für Arbeit München ab dem 01.04.2007 Arbeitslosengeld.

Meine Einnahmen reichen ab diesem Zeitraum nicht
aus meinen Verpflichtungen in voller Höhe dauerhaft
nachkommen zu können.

Aufgrund der mir vorliegenden Unterlagen beträgt meine Restschuld mit ihrem Hause per 31.03.2007

€ 19.800,00

Meine gesamten Verbindlichkeiten zum o. g. Zeitpunkt betragen € 48.0005,00

Um meinen Verpflichtungen trotzdem in angemessener Höhe nachkommen zu können, habe ich einen Schuldenbereinigungsplan erstellt, den ich als Anlage beifüge.

Aus diesem können Sie erkennen, dass ich beabsichtige Ihnen bei einer Quote von 41,25 % 72 Monate lang eine Rate von EUR 206,23 zu überweisen. Das ergibt einen Gesamtbetrag von EUR 14.848,45 und somit einen Verzicht von _____ € 4.951,55 d.h. relativ 25,01%.

Ich bitte Sie, die beigefügte Anlage zu studieren und mir innerhalb von 14 Tagen mitzuteilen,

     1.   ob der Restschuldbetrag mit Ihren Aufzeichnungen übereinstimmt

     2.   ob Sie dem Schuldenbereinigungsplan zustimmen können.

Sollte dies nicht der Fall sein, sehe ich mich aufgrund meiner finanziellen und wirtschaftlichen Verhältnisse gezwungen Antrag auf Eröffnung des Verbraucherinsolvenzverfahrens beim zuständigen Insolvenzgericht einzureichen.

Mit freundlichen Grüßen

Sebastian Immerdumm

Sagt nur einer der Gläubiger „nein" zu deinem Vorschlag, dem Tilgungsplan, dann geht es weiter mit der nächsten Stufe, der Verbraucherinsolvenz, der Beantragung bei Gericht und das bedeutet:

Nach der Beantragung bei Gericht musst du sieben Jahre lang jede zumutbare Arbeit annehmen und deinen Lohn bis auf den pfändungsfreien Teil an die Gläubiger zurückzahlen, dann bist du alle deine Altschulden los (das nennt sich Wohlverhaltensphase).

Zum Glück für dich wurde das Verfahren jetzt gestrafft. Die Wohlverhaltensphase beträgt künftig nur noch 6 Jahre, vorher waren es 7 Jahre. Danach kommt es zur Restschuldbefreiung. Diese wird dir nur versagt, wenn du dir etwas wie beispielsweise Schwarzarbeit oder Nichtanzeigen des Ortswechsels - also Umzuges - zu Schulden kommen lässt.

Es gibt aber noch weitere Verbesserungen. Antragssteller wie Du mussten auf einen Privatkonkurs oft Prozesskosten von bis zu 2500 € auf einen Schlag im Voraus an die Gerichte zahlen. Da viele

Betroffene das Geld nicht aufbringen konnten, blieben sie im Schuldenturm sitzen. Künftig können dir die Gerichtskosten gestundet werden. Sie müssen erst dann bezahlt werden, wenn alle Altschulden erlassen sind.

Erbschaften musst du weiterhin anzeigen, aber sie fließen nur zu 50% in die Tilgung ein.

Während des Verfahrens zahlst du sämtliche Tilgungen an einen vom Gericht bestimmten Treuhänder und nicht an die Gläubiger selbst.

Und für die Kosten des Rechtsanwalts kannst du Beratungshilfe beantragen. Einen Antrag auf Beratungshilfe findest du im Abschnitt über Rechtsanwälte und Widersprüche.

Was das Verfahren weiter vereinfacht, ist die Möglichkeit, dass dein Rechtsanwalt dir eine Bescheinigung wegen Scheitern der außergerichtlichen Einigung ausstellen darf. Ohne diese kann das Verfahren nicht eröffnet werden.

Das kommt an Kosten auf dich zu:
Geschätzte Kosten je Verfahrensstufe:

Außergerichtlicher Einigungsversuch → Schuldnerberatung ist kostenlos

> Rechtsanwälte können nach Beratungshilfege-
> setz und BRAGO abrechnen, verlangen aber
> oft Extrahonorare

- Gerichtlicher Schuldenbereinigungsplan
  →Gerichts gebühr mindestens 12,50 €
- Auslagen für Zustellungen (je Gläubiger 6 €)
- Insolvenzverfahren → Insolvenzverwalter je
  nach Insolvenzmasse, mind. 250 € + Ausla-
  gen
- Veröffentlichungen ca. 500 €
- Gerichtsgebühr mind. 62,50 €
- Insgesamt (bei 10 Gläubigern) → Mind. 885 €
  + Auslagen des Insolvenzverwalters
- Wohlverhaltensperiode → Treuhändervergü-
  tung, je nach pfändbarem Einkommen, mind.
  100 € + Auslagen jährlich

**Tipp: Beantrage in jeder Phase des Verfahrens
die Stundung der Prozesskosten**
(Quelle www.neue-armut.de)

Tipp: Kannst du sehr gut englisch oder französisch sprechen und hast hier keine Bindungen? Dann solltest du für ein oder zwei Jahre entweder nach England oder Frankreich ziehen. Dort beträgt die Wohlfahrtphase nur 9 Monate bis zu 2 Jahren und du bist nach EU-Recht in Deutschland schuldfrei.

Vorraussetzungen: Dein nachgewiesener Wohnsitz muss wirklich in diesem Land sein, das nehmen die Behörden dort sehr genau und du musst dich dort zum Privatinsolvenzverfahren anmelden.

Haushalt - Aufteilung der täglichen Pflichten

Allgemein können wir dir versichern, dass dieser Abschnitt viel vom häuslichen Frieden sichern wird und so manchem Streitgespräch in Wohngemeinschaften oder Partnerschaften vorbeugen wird.

Die alte, stark verstaubte Rollenverteilung der Geschlechter dürfte durch die Entwicklung der Gleichberechtigung der letzten zehn, zwanzig Jahre nun endgültig der Vergangenheit angehören. Sollten das einige verpasst haben, so ist das bedauerlich, aber durch solche Regelpläne änderbar.

So macht beispielsweise Arbeitslosigkeit auch vor Männern nicht mehr halt und so mancher „Macho" wird mit den täglichen Pflichten einer Frau konfrontiert. Spätestens dann, wenn die Frau arbeiten geht und der Mann zu Hause bleibt, wird es Zeit für den Regel- sowie den Haushaltsplan.

Damit wird gewährleistet, dass jeder seine notwendige Auszeit bekommt, denn alles ist klar abgegrenzt und durch die schriftliche Form kann niemand mehr irgendeine Arbeit dem anderen zuschieben. Grundregel hier, alle setzen sich zusammen und arbeiten diesen Plan gemeinsam aus und jeder sollte sich daran halten. Ob du die jeweiligen Pläne nun monatlich oder wöchentlich aufstellst, bleibt Dir überlassen. Längere Phasen gehen meistens schief.

Auf die verschiedenen Pläne werden wir jetzt näher eingehen.

Haushaltspflichtenplan – ein wichtiges Element der Gleichberechtigung

Der Haushaltspflichtenplan dürfte das Lieblingskind so mancher Frau werden, denn er regelt die einzelnen Haushaltspflichten und deren Aufteilung auf die einzelnen Familienmitglieder.

Setzt euch regelmäßig abends zusammen und stellt die einzelnen Haushaltspflichten auf. Dann werden diese der Reihe nach verteilt. Natürlich nicht rigoros, sondern entsprechend den Möglichkeiten und eventuell auch nach den Neigungen. Der eine mag lieber kochen und der andere lieber bügeln. Doch jeder sollte mal dran kommen, denn sonst kann man nichts lernen.

Es sollte nicht nur die Aufgabe sondern auch deren Umfang im Einzelnen festgelegt werden. Das rettet vor so mancher sonst bevorstehenden Auseinandersetzung um übervolle Mülleimer oder immer stetig wachsende Wäscheberge.

Wie so ein Haushaltspflichtenplan aussehen kann, zeigen wir in unserem nächsten Beispiel.

Beispiel Haushaltspflichtenplan:

Arbeitsplan

Allgemeines vorab:

> Jeden Samstag räumt jeder sein Zimmer auf. Es wird dabei nichts unter die Betten oder in die Schränke gewuchtet. Das ist nicht erlaubt. Es wird ordentlich aufgeräumt und gesaugt oder gewischt.

> Geschirr wird nach dem Essen in die Spülmaschine geräumt. Essensreste gehören in den Abfalleimer.

> Wer kaum oder nur sehr liederlich seine Aufgaben im Monatsplan wahrnimmt, der darf im nächsten Monat nicht tauschen, sondern wird dieselbe Aufgabe noch einen Monat tun.

Küche: Jessika (14 J.) - Flächen abwischen, Geschirrspüler ein- und ausräumen, Boden kehren oder wischen.

Bad: Maxi (11 J.) - nach dem Baden aufwischen, Sachen in den Wäschekorb schaffen, Wasser einlaufen lassen, Waschbecken sauber machen

Wäsche: David (19 J.) - sortieren der Wäsche nach Farben und jeden Tag waschen, Waschmaschine und Trockner ein- und ausräumen

Wohnzimmer: Erik (18 J.)- Spielsachen aufräumen, Decken ordentlich hinlegen, Böden wischen, Bücher wegsortieren.

Korridor oben: Lukas (8 J.) - aufräumen und fegen.

Korridor unten: Felix (12 J.) - aufräumen und fegen.

Tisch decken: Nicholas (5 J.) - Tassen und Teller hinstellen

Babysitting: Sandra (22 J.) badet und füttert Thony (1 J.) und Angie 2 J.). Bei der Hausarbeit braucht sie nur dabei zu helfen ihr Zimmer aufzuräumen und kann - wenn sie Zeit hat - jemandem helfen.

Regelplan - ohne den läuft kein Familienleben

Hört sich nach Kindergarten an und ist tatsächlich dort entnommen worden. Doch was sich bei den Kleinen bewährt hat, warum soll es nicht auch Anwendung im Alltag der Großen finden?

Der Regelplan legt das Verhalten untereinander fest. Für frisch Verliebte wie langjährige Partnerschaften hervorragend geeignet und eine wunderbare Möglichkeit für das Familienleben, denn auch die Kinder haben hier ein gehöriges Mitspracherecht. Der Plan sollte überall da angewandt werden, wo unterschiedliche Lebensweisen oder Auffassungen vom Zusammenleben aufeinander prallen.

Hier wird der Umgang miteinander festgelegt. Bei Kindern bieten sich auch das Prinzip der Bestrafung und Belohnung sowie die Freizeitgestaltung an. Dadurch kann man einige Unarten ausmerzen und ein häuslicher Frieden ist dir sicher. Ein Beispiel, wie solch ein Plan gestaltet werden kann, bieten wir dir nachfolgend an.

Beispiel Regelplan

<u>Weitere Regeln !!!</u>

Strafen werden <u>angemessen</u> vergeben. Für die Kleinen Stubenarrest von 5 bis 15 Minuten. Die älteren von
15 bis 30 Minuten.

Wer möchte, kann seinen Stubenarrest gegen eine kleine Strafarbeit wie Abfalleimer raus bringen oder Staubwischen tauschen.

<u>ES WIRD NICHT GEHAUEN!!!!</u>

Schimpfworte werden mit 10 Cent (Kleinen), 25 Cent (die Größeren) und 1 € (Erwachsene) bestraft. Das Geld kommt sofort ins „Schimpfwortglas".

Frühstück gibt es von 6 – 9 Uhr, Mittag von 12- 14 Uhr und Abendbrot von 17 – 19 Uhr.

Hausaufgaben <u>und</u> die Hausarbeiten auf dem Arbeitsplan werden immer erst erledigt, dann kann man spielen oder zu Freunden gehen.

Wer länger bei seinen Freunden bleiben möchte, ruft vorher an und fragt nach. Die Mädchen werden nach 18 Uhr von den großen Jungen abgeholt. Also fragt dort nach, ob ihr länger bleiben könnt.

Schuhe werden in den Schuhschrank gestellt, Jacken an die Garderobe gehängt und Ranzen auf das Zimmer gebracht.

Gegessen und getrunken wird am Küchentisch oder am großen Wohnzimmertisch. Jeder räumt das Geschirr weg, das er benutzt hat.

Halten wir uns alle daran, dann haben wir alle mehr Zeit zum Spielen.

Essensplan - wissen, was es morgen gibt

Der Essensplan wird von jedem gemocht. Wöchentlich kann festgelegt werden, was zum Mittagessen auf
den Tisch kommt. Davon abgesehen wirst du merken,
dass so ein Plan enorme Kosten sparen kann. So
weißt du im Voraus, was du kochen willst und kannst
so deine Einkäufe zielgerichtet tätigen. Im Übrigen
macht die gemeinsame Planung einen Riesenspaß,
weil jeder etwas einbringen kann und man weiß,
wann welches Essen auf einen zukommt. Wie das
aussehen kann, kannst du im nächsten Beispiel sehen.

Beispiel Essenplan

6.12.2006   *Essensplan vom 1.12.2006 -*

Montag:	Nudeln mit Tomatensoße
Dienstag:	Spinat mit Rührei und Kartof-
feln	
Mittwoch:	Kartoffelsuppe
Donnerstag:	Pizza
Freitag:	Nudeleintopf
Samstag:	Bratkartoffeln mit Spiegelei
Sonntag:	Gulasch mit Klößen und Rot-
kraut	

Grundregeln des Einkaufs

Du fragst dich, warum wir dieses Thema ansprechen.
Ganz einfach, hier ist das meiste Geld zu sparen und
das durch ganz einfache Regeln. Vielleicht wirst du
ganz erstaunt sein, wie einfach manche Dinge sind
und einiges wirst du schon aus reiner Notwendigkeit
umgesetzt haben. Uns würde es nicht verwundern,
wenn du nach dem Lesen und Anwenden dieses Kapi-
tels bis zur Hälfte des vorigen Monatsbudgets des
Haushaltsgeldes einsparen kannst.
Unseren absoluten Liebling stellen wir dir gern vor,
unsere Top Ten Liste der Einkaufsfehler.

Top Ten der Fehler beim Einkaufen

1. Unser absoluter Favorit bei den Einkaufsfeh-
    lern ist das **Einkaufen ohne Einkaufsliste**. So
    wird meistens mehr und auch oft genug unnö-
    tige Sachen eingekauft.

2. Ein oft unterschätzter Fehler ist das **Einkau-
    fen mit hungrigem Magen**. Nun bestimmt
    nur noch dein Hunger, was eingekauft wird
    und nicht mehr die Liste. Logische Folge, du
    kaufst wieder zu viel unnötige Dinge ein.

3. **Der falsche Einkaufsmarkt** kann dich eine
    ganz schöne Menge Geld kosten. Du hast im-
    mer bei dem Laden um die Ecke eingekauft
    und Discounter ist dir fremd. Dann wundere
    dich nicht, wenn du so immer mehr drauf
    zahlst.

4. Du lässt dir grundsätzlich keine **Werbung** in
    den Briefkasten werfen? Werbung mag mitun-
    ter lästig sein, aber dem Wettbewerb sei Dank,
    kannst du so deinen Sparkurs umsetzen.

5. Monatsanfang und du gehst immer mit dem
    ganzen Haushaltsgeld einkaufen und am Ende
    bleibt nicht mehr viel? Kein Wunder, **teile
    dein Haushaltsgeld auf die vier Kalender-
    wochen** auf und nimm immer nur einen Teil
    davon mit. Durch die Einkaufsliste kannst du
    ungefähr überschlagen, was du an Geld benö-

tigen wirst und das nimmst Du - plus einem kleinen Extra - mit. Einkaufen solltest du nach Möglichkeit nur einmal die Woche, so kommst du nicht in Versuchung doch mehr einzukaufen als du brauchst. Ein erstaunlicher Spareffekt.

6. Müssen **Designersachen** wirklich sein? Eigentlich bezahlst du nur für ein Label einen Haufen Geld und man sieht den Kleidungsstücken den hohen Preis oft nicht an. Wer sieht denn schon das Label? Höchstens dein Partner.

7. Das **Einkaufen mit Kindern** kann sehr anstrengend sein, doch musst du wirklich um des lieben Friedens willen und der Leute wegen die geforderten Spielsachen und Süßigkeiten einkaufen? Ein striktes „Nein" wird dir den Respekt deiner Umgebung einbringen und deine Kinder lernen eine feste Regel fürs Leben: Sie können nicht alles bekommen, was sie sehen!

8. Muss denn **wirklich alles neu** sein? Kindersachen sind zum Beispiel sehr teuer. Vergleicht man das bisschen Stoff mit dem geforderten Preis, dann muss die Gewinnspanne für den Verkäufer enorm sein. Hast du am Wochenende schon was vor? Wenn nicht, dann schau mal auf den Flohmärkten in deiner Umgebung

vorbei. Du wirst viel Spaß haben und jede Menge Geld sparen.

9. **Bio** ist ja schön und gut, und verdammt teuer. Aber wer sagt dir, dass in der nächsten Woche nicht auch irgendein Keim entdeckt wird, der nur in biologisch angebautem Obst gedeiht und dich viel nachhaltiger schädigt, als die nichtbiologische Anbauweise. Vitamine sind Vitamine, egal ob Bio oder nicht. Das normale Obst und Gemüse ist wesentlich günstiger und ebenfalls gesund. Hast du einen Garten oder einen Balkon, dann solltest du vielleicht nicht nur Blumen pflanzen, sondern auch Obst und Gemüse. Es gibt sehr schöne Balkontomaten- oder Erdbeerpflanzen sowie kleinere Obst-bäumchen, die günstig sind und deinem Be-dürfnis nach biologischer Anbauweise Rech-nung tragen.

10. Lass dich nie von dem Phänomen anstecken, genau das kaufen zu müssen, was alle einkau-fen oder worauf alle sich stürzen. Die **Fern-sehwerbung** ist ja interessant und unterhalt-sam, aber durch die beworbenen Produkte wirst du keines Falls schöner, jünger oder er-folgreicher sein. Ein No- Name- Produkt tut es meistens auch und ist oft weitaus besser und manchmal sogar von namhaften Herstellern.

Die Einkaufsliste - Einkaufshilfe Nr. 1

Einkaufslisten sind was für alte Leute magst du einwenden. Doch hältst du dich wirklich an das, was du brauchst?

Versuch mal ohne Liste einzukaufen, lass sie zu Hause liegen und dann vergleiche, was du tatsächlich eingekauft hast. Du wirst erstaunt sein, was alles dazu gekommen ist oder vergessen wurde.

Am besten du heftest einen Zettel an die Pinnwand in der Küche und notierst dir immer wieder was du benötigst. So kaufst du wirklich nur das, was du brauchst. Aber um wirklich beim Einkaufen zu sparen, stellen wir dir noch einige Punkte vor, die du vielleicht schon kennst, die aber erst gemeinsam wirklich in deiner Sparpolitik greifen. Wir fangen mit der Hitliste der Einkaufsmärkte an.

Beispiel Einkaufsliste

1 x	Milch
2 x	Butter
12	Eier
1 Sack Kartoffeln	

Die Hitliste der Einkaufsmärkte

Wenn du mit Sparen anfangen musst, ist die Zeit der ziellosen Einkäufe vorbei. Du wirst dich orientieren müssen, **wo** du günstig **was** bekommst. Versuche möglichst viele Dinge in einem Geschäft zu kaufen um unnötige Wege zu vermeiden. Den meisten sind Supermärkte wie Aldi und Penny sowie Plus ein Begriff.

Waren es früher die belächelten Einkaufsmärkte, in denen angeblich nur die Sozialhilfeempfänger einkaufen gingen, so erfreuen sich diese Supermärkte einer ständig wachsenden Popularität. Kunden aus allen Klassen und Bereichen kaufen inzwischen hier ein. Aber auch Handelsketten wie Real und Marktkauf erfreuen sich immer größerer werdender Kundenscharen.

Weniger bekannt sind die Großmärkte wie Selgroß oder Metro. Wer einen Gewerbeschein hat, kann dort einkaufen gehen sowie meist zwei weitere Personen. Wenn du niemanden kennst, der dich da eintragen könnte, dann lass dich einfach bei deinem zuständigen Gewerbeamt mit einer entsprechenden Tätigkeit eintragen. Ein Internetshop könnte eine interessante Möglichkeit sein oder eine freiberufliche Tätigkeit. Vielleicht entwickelt sich ja daraus tatsächlich ein zweites Standbein für dich.

Interessant dürfte das auch für Großfamilien sein, denn mit einer gebrauchten Tiefkühltruhe kann man dort fantastisch bei sämtlichen Fleischprodukten sparen. Der Kilopreis für Kotelett liegt dort bei ungefähr 3,50 € im Gegensatz zu einem Discounter, wo der Preis zwischen 5 € und 7,50 € schwankt. Und das ist schon eine enorme Einsparung auf die Dauer und Fleisch muss nicht mehr vom Essensplan gestrichen werden.

Pro und Kontra von Billigmärkten

Es spricht sehr vieles für Discounter wie Aldi, Penny und Co. Die Vielfalt der angebotenen und preisgünstigen Produkte wächst ständig. Geschmacklich und in der Zusammenstellung sind diese Produkte oft besser als ein Markenprodukt.

Waren es früher triste kleine Läden, so sind es heute die Unternehmen mit Spitzenumsätzen in den letzten Jahren. Mittelpreisläden und Boutiquen beispielsweise mussten horrende Einbußen hinnehmen. Das liegt einfach daran, dass die Leute preisbewusster einkaufen als früher und sich nicht mehr so leicht manipulieren lassen. Davon profitieren die Discounter, wo man mitunter für die Hälfte des Preises von Markenprodukten einkaufen kann.

Starte mal einen Vergleich. Geh mit 50 € einkaufen in deinem bisherigen Laden und dann kaufe mit derselben Summe bei Penny oder Aldi ein. Dein Korb aus dem Discounter wird weitaus mehr gefüllt sein.
Und die Qualität ist auf keinen Fall schlechter, meistens sogar besser, wie wir dir im nächsten Abschnitt zeigen werden.

Lebensmittel und Co - No-name oder nicht

Nimm dir ein Glas Brotaufstrich von einem Markenhersteller und eins von einem so genannten No- name- Hersteller, lass es vertauschen und dann koste mal mit geschlossenen Augen. Wetten, du wirst kaum einen Unterschied feststellen.

Bei der Babynahrung und den Windeln sind die No-name - Produkte dabei im Preis- Leistungs-Verhältnis aufzuholen und die Markenfirmen zu überrunden. Im Übrigen werden diese No- Name- Produkte von Markenherstellern produziert.

Warum willst du das Doppelte des Preises bezahlen, nur weil ein bekannter Name drauf steht?

Hier ein kleiner Vergleich, was du bei einzelnen Produkten einsparen kannst.

Fruchtzwerge 1,99 €
Quarkmännchen 89 Cent

Aber es lohnt sich auch in Supermärkten nach der Nische Ausschau zu halten, in der die reduzierten Artikel stehen, weil sie kurz vor dem Verfallsdatum stehen. So kann man sich auch mal etwas zum halben Preis leisten, was sonst nicht im Budget eingeplant war. Ähnlich kannst du es bei der Kleidung handhaben.

Kleidung - Designer oder nicht

Schön, wer sich Markenkleidung leisten kann, aber du gehörst momentan nicht dazu. Erstaunlich, was manche Leute bereit sind, für ein Label zu bezahlen. Doch bei genauerer Betrachtung halten diese Sachen oft auch nicht was sie versprechen. Also stöbere lieber in den Angeboten von günstigen Anbietern.

Viele Firmen bieten auch Lagerverkäufe an. Du wirst erstaunt sein, wie fündig du wirst und das alles zu einem Bruchteil der Summen, die du sonst für ein Kleidungsstück ausgegeben hast.

Und soll es doch mal ein ausgefallenes Stück sein, dann lege dir ein Konto bei ebay an und schau dort nach besonderen Stücken zu kleinen Preisen.

Internet - das für und wieder von ebay und anderen

Als ebay sein Internetportal vor Jahren öffnete, nahmen alle es als eine Art Spaß. Heute ist es eine Art Sport und ein Riesengeschäft mit Schwindel erregenden Umsätzen.

Alles in der Artikelvielfalt ist vertreten und das Ganze global. Das größte Kaufhaus mit Spaßfaktor hoch zehn bietet für jeden etwas.

Es ist einfach, du legst dir ein Konto an und schon kannst du Mitbieten. Wichtig ist für dich nur eins, schau vor dem Bieten auf dein Konto, was du dir leisten kannst und lass dich nicht mitreißen vom Bieten.

Gib dein Maximalgebot ein und lass es damit gut sein. Viele der Artikel werden auch über andere Händler angeboten und sollte es mal nicht so sein, dann hast du einen Suchassistenten, der dich informiert, wenn dein heiß ersehnter Artikel wieder zu haben ist. Durch eine Umkreissuche kannst du sogar gebrauchte Haushaltsgegenstände wie Möbel und elektrische Geräte erwerben und so die horrenden Speditionskosten sparen.

Und wenn es doch mal was Neues sein muss oder du es ausprobieren willst, warum ein teurer Möbelladen, wenn du zum Beispiel Ikea in der Nähe hast oder einen anderen günstigen Möbelanbieter.

Möbel, Tapeten und ähnliches - Ikea und etwas Farbe

Du brauchst eine Matratze und eine gebrauchte ist ja nun nicht grade das Non plus ultra. Alles klar, dann schau mal, ob du nicht Ikea, Roller oder einen anderen Großanbieter in der Nähe hast. Hier kostet deine Matratze oft nur einen Bruchteil des sonst üblichen Preises.

Kinderzimmermöbel können einen Haufen Geld verschlingen und die lieben Kleinen benötigen nicht wenige Möbel im Laufe der Zeit. Doch warum muss es teuer sein?
Eine einfache Kommode kann mit etwas Farbe zu einem wunderbaren Kinderzimmerutensil werden. Dabei kannst du auf die Wünsche deines Kindes noch eingehen und ein von Vati oder Mutti gemalter Schrank mit dem Lieblingshelden aus dem Kinderbuch oder Fernsehen wird schnell das liebste Möbelstück der Kleinen werden.

Dabei geht es nicht um Detailtreue und Genauigkeit, es ist die Liebe mit der dieses Möbel hergerichtet wird und die Kleinen wissen das sehr genau einzuordnen.

Auch Tapeten können wahnsinnig teuer werden. Bist du allein oder nur zu zweit ohne Kind dann kann sich eine teure Tapete tatsächlich lohnen. Hast du aber Kinder, welche noch im so genannten Malalter sind, dann sind einfache Tapeten besser. Denn die kleinen

Picassos werden dafür sorgen, dass tapezieren einmal jährlich fällig wird. Es gibt bei vielen Baumärkten Raufasertapeten und ein Eimer Farbe wird schnell das Zimmer wieder in neuem Glanz erstrahlen lassen.
Eine Tafel oder ein Stück Wand, an dem die Kinder nach Herzenslust malen können beugt effektvoll fantasievollen Malereien im Wohnzimmer vor.

Spartipps

Energie

Abschalten und Entspannen

Schon mit ein paar Kniffen senkst du deine monatlichen Stromkosten um 20 Euro. Noch viel mehr kannst du beim Heizen und der Warmwasserbereitung sparen. Beherzige unsere Tipps und check deine Wohnung oder dein Haus durch.

Tipp 1 Die sparsamsten Geräte kaufen!

Über die Jahre summieren sich schon kleine Unterschiede im Stromverbrauch zu großen Beträgen. Wirf also vor Neuanschaffungen einen Blick ins Internet. Unter www.spargeraete.de findest du – je nach individuellen Wünschen – die sparsamsten Waschmaschinen, Geschirrspüler oder Kühlschränke, die derzeit auf dem Markt sind. Hi-Fi-,Fernseh- und Bürogeräte mit geringem Stand-by-Verbrauch zeichnet das GEEA-Label aus, das allerdings in Läden meist noch unbekannt ist. Eine Liste prämierter Geräte findest du im Internet unter www.energielabel.de

Tipp 2 Beim Kühlschrankkauf auf „A++" achten!
Die größten Unterschiede im Energieverbrauch gibt es bei Kühl- und Gefrierschränken. Zwar müssen sie ebenso wie Waschmaschinen und Herde das EU-Energielabel mit einer Wertung von A (geringer Verbrauch) bis G (hoher Verbrauch) tragen. Aber meist sind nur A- und B- Neugeräte auf dem Markt, das heißt: B ist bereits schlecht. Für Kühl- und Gefrierschränke gibt es seit 2004 die Effizienzklassen „A+" und „A++". Eine Liste der sparsamsten Geräte findest du unter www.energy-plus.org

Tipp 3 Backofenfenster putzen!
Bei jedem Öffnen der Ofentür gehen etwa 20 Prozent der Wärme verloren – deshalb am besten den Braten von außen begutachten.

Tipp 4 Kühlschrank kalt stellen!
Stehen Kühl- und Gefrierschrank neben Wärmequellen (Heizung, Herd, aber auch Spül- oder Waschmaschine) schlucken sie viel mehr Strom! Also deren Nähe meiden oder wenigstens eine Isolierung dazwischen basteln. Bester Standort ist ein kühler Platz: Pro Grad höherer Raumtemperatur zieht der Kühlschrank etwa vier Prozent mehr Strom!

Tipp 5 Das Kühlen nicht übertreiben!
Hohlräume stopfen! Eine Kühltemperatur von sieben Grad plus ist ideal- dafür recht, je nach Standort, oft schon Stufe 1. Ein spezielles Eis- und Kühlschrankthermometer kostet nur ein paar Euro. Zeitschriften oder Styroporblöcke in ungenutztem Eisschrank-Raum verhindern, dass bei jedem öffnen zu viel kalte Luft entweicht.

Tipp 6 Kühlschrank in Urlaub schicken!
Oder abschaffen! Wenn du länger weg bist, ziehst du am besten den Stecker und bringst die Überbleibsel zum Nachbarn (das lässt sich auch mit dem Abtauen verbinden). Wenn du nur kleine Mengen aufbewahrst, kommst du auch ganz ohne Kühlschrank aus: Alt bewährt ist die Aufbewahrung von Lebensmitteln im Tontopf.

Tipp 7 Eier mit ganz wenig Wasser kochen!

Einen Eierkocher kannst du dir sparen: Eine fingerdicke Menge Wasser auf dem Topfboden reicht aus – die Eier garen im Wasserdampf. Das funktioniert auch mit Kartoffeln und Brokkoli problemlos.

Tipp 8 Mit Gas kochen!

Es macht mehr Spaß, mit Gas zu kochen, ist billiger und schont die Umwelt. Die Energieverluste sind durch die direkte Verbrennung deutlich geringer, Gas lässt sich besser regulieren, verpuffende „Nachwärme" gibt es nicht. Ein neuer Gasanschluss ist oft gar nicht so teuer.

Tipp 9 Nicht vorheizen!

Auch wenn es auf der Packung oder im Rezept steht- meist ist das Vorheizen unnötig (Ausnahme: empfindliche Teige). Wenn du Backofen und Herd schon ein paar Minuten vor Ende der Garzeit ausschaltest, nutzt du – ohne Stromverbrauch – die Restwärme. Die restliche Garzeit erledigt die verbleibende Hitze im Ofen.

Tipp 10 Deckel auf den Topf!

Ein Deckel auf dem Topf senkt den Energie verbrauch auf ein Viertel. Und die Vorfreude steigt, wenn man nicht so oft reinguckt. Noch besser sind Schnellkochtöpfe, sie sparen noch einmal 50 Prozent Energie.

Tipp 11 Nudelwasser im Wasserkocher zum Kochen bringen!

Am effizientesten bringen Schnellkocher oder Tauchsieder Wasser zum Kochen. Deshalb lohnt es, Nudel- oder Knödelwasser vorzukochen und dann in den Topf zu füllen.

Tipp 12 Ab und zu mal abtauen!

Auf dichte Türen achten! Wenn sich eine Eisschicht gebildet hat, steigt der Stromverbrauch stark an. Eis- und Reifbildung in Kühl- oder Gefrierschrank verrät undichte Türen. Also ab und zu die Dichtungen prüfen.

Tipp 13 Kurz und kräftig lüften!

Zum Lüften Heizung ausdrehen und Fenster weit öffnen. Die Luft wird getauscht, die Wände bleiben warm. Nie bei laufender Heizung Fenster kippen!

Tipp 14 Heizungsrohre isolieren!

Falls in unbeheizten Räumen, z. B. im Keller, Hei zungsrohre nicht isoliert sind – hole es nach.

Tipp 15 Heizungsanlage überprüfen!

Besitzt du eine eigene Heizung, lass mal die Umwälzpumpe überprüfen.
Moderne Pumpen verbrauchen viel weniger.
Außerdem: Heizung regelmäßig entlüften!

Tipp 16 Heizung runterdrehen!

Jedes Grad weniger spart rund sechs Prozent Heizenergie! Für ein gesundes Raumklima reichen in Wohnräumen 18 – 20 Grad C, in der Küche 16 – 18 Grad C, im Kinderzimmer 20 Grad C, auf Fluren 15 Grad C.

Tipp 17 Programmierbaren Thermostaten anbringen!

Er regelt die Temperatur nach Wunsch: tagsüber runter, abends rauf, nachts wieder runter.

Tipp 18 Zum Wäschetrocknen Wind und Sonne

Wäschetrockner zählen zu den größten Stromfressern im Haus. Ihre Verbannung aus einem Vier-Personen-Haushalt spart etwa 480 Kilowattstunden oder 80 Euro im Jahr. Wäsche also lieber aufhängen!

Tipp 19 Energiesparlampen nutzen!
Du sparst etwa 80 % Strom und eignen sich vor allem für Lichter, die lange brennen – häufiges An- und Ausschalten tut ihnen nicht gut. Weil Energiesparlampen Quecksilber enthalten, gehören sie übrigens nicht in den normalen Müll.

Tipp 20 Herkömmliche Glühbirnen in WC und Keller verbannen!
Edison in Ehren, herkömmliche Birnen sind extrem ineffizient: 90 % der Energie verpufft als Wärme. Am sinnvollsten sind sie da, wo das Licht kurz brennt und oft ein- und ausgeschaltet wird, zum Beispiel im WC.

Tipp 21 Stecker ziehen oder Steckdosenleiste mit Netzschalter kaufen!
Allein der Stand-by-Betrieb von HiFi-Anlage, Fernseher und Videorekorder kostet dich jährlich 30 Euro. Zwei deutsche AKWs laufen nur, um die unnötigen Stand-by-Verluste zu decken. Wenn du mehrere Geräte an einer Steckdosenleiste anschließt, genügt ein Knopfdruck zum Abschalten.

Tipp 22 PowerSafer an die Macht!
Geräte die allzeit bereit sein müssen, sollten an einen „Powersafer" angeschlossen wer-

den. (z. B. Fax) "PowerSafer" hält die Betriebsbereitschaft verlustfrei aufrecht.

Tipp 23 Computer abschalten!

70 % der Energie schluckt der Computer auch dann, wenn gar nicht daran gearbeitet wird. Also: schon bei kürzeren Arbeitspausen abschalten! Außerdem: Hochgerüstete Computer sind Stromfresser, Flachbildschirme allerdings sparsamer als Bildröhren.

Tipp 24 Kurz duschen statt Baden!

Am besten mit Spar-Duschkopf! Die Warmwasserbereitung schluckt – nach dem Heizen – im Haushalt die meiste Energie. Nicht so oft baden! Sparduschköpfe senken den Wasserverbrauch um 50 %. Beim Einseifen die Dusche abstellen!

Tipp 25 Kochwäsche und Vorwaschgang vergessen!

Die meisten Krankheitserreger sterben schon bei 60 Grad ab – und gegenüber dem Kochwaschgang wird die Hälfte des Stroms gespart! Meist reichen aber 30 oder 40 Grad. Den Vorwaschgang kannst du dir sparen.

Tipp 26 Trommel immer voll machen!

Eine nur mit einer Socke gefüllte Waschmaschine verbraucht genau so viel wie eine volle. Einige Modelle sind mit einem ½ Sparprogramm für halbe Füllmengen ausgestattet, der den Verbrauch immerhin um ein Drittel senkt.

Tipp 27 Geräte ohne Akku kaufen!
Telefone, Rasierapparate und elektrische Zahnbürsten mit direktem Netzanschluss verbrauchen deutlich weniger Strom als Akku-Geräte!

Tipp 28 Brötchen von gestern knusprig toasten!
Wer zum Brötchen aufbacken nicht den Backofen, sondern den Brötchenaufsatz des Toasters verwendet, spart rund 70 % Energie.

Tipp 29 Mikrowelle für kleine Mengen benutzen!
Schon bei zwei Portionen braucht ein Mikrowellenherd mehr Energie als eine Herdplatte. Und das Auftauen in der Mikrowelle verbraucht unnötig Energie- also Gefrorenes frühzeitig rauslegen.

Tipp 30 Licht ausschalten!
Der Klassiker unter den Energiespartipps! Etwa ein Zehntel des Stromverbrauchs geht aufs Konto der Beleuchtung. Also: der letzte macht das Licht aus!!
Quelle: www.greenpeace-magazin.de

VERBRAUCHSTABELLE
ZUM VERGLEICH MIT DER EIGENEN
STROMRECHNUNG
in Kilowattstunden/Jahr

	vorbildlich	Durchschnitt	extrem hoch
1-Personen-Haushalt	750	1790	3150
2-Personen-Haushalt	1450	3030	5750
3-Personen-Haushalt	1900	3880	7500
4-Personen-Haushalt	2150	4430*	8900

Quelle: Bund der
Energieverbrau-
cher/VdEW

Wasser sparen

Wer Trinkwasser einspart, erzeugt weniger Abwasser und schont unsere Gewässer.

Deswegen heißt die Devise:

Sorgsam mit Trinkwasser umgehen!

Der durchschnittliche Wasserverbrauch pro Tag und Einwohner in Deutschland:

|	Duschen, Baden, Körperpflege, ca. 46 Liter
|	Toilettenspülung, ca. 35 Liter
▬	Wäschewaschen, ca. 15 Liter
▪	Putzen, Autopflege und Garten, ca. 8 Liter
▪	Geschirrspülen, ca. 8 Liter
▪	Trinken und Kochen, ca. 5 Liter

Sonstige Möglichkeiten Geld zu Sparen

Netzwerke, bei denen Dinge verschenkt werden

- http://www.verwaltungskontor.de/ Verwaltungskontor in Berlin, hier gibts für soziale Projekte und Initiativen Haushaltsgegenstände, Möbel etc.
- http://www.bsr-verschenkmarkt.de//list.asp Verschenkmarkt der Berliner Stadtreinigung, gut funktionierendes onlineverschenknetzwerk für möbel, elektronik, ...
- http://www.de.freecycle.org/ emailverteiler-verschenknetzwerk
- **http://dsb.uni-leip-zig.de/anzeigenausgabe.php?stadt=alle&angebotge-such=angebot_und_gesuch&anzeigen=verschenken** - nur sinnvoll für leipzig (ausprobieren, wenn auf leipzig geklickt), ist aber funktionierendes, florierendes verschenknetzwerk!!
- http://www.alles-und-umsonst.de - verschenk-internetseite
- http://www.0teuro.de/t3v380/index.php?id=50 - verschenkinternetseite
- http://www.nettransfair.de onlineverschenk und flohmarkt aus berlin

- http://co-forum.de/index.php4?2809 oldenburger verschenkmarkt

Umsonstläden und ähnliche Initiativen

Die Idee des Umsonst-Ladens ist einfach:

Viele Leute haben Dinge, die sie nicht mehr gebrauchen können oder wollen. Diese liegen oft nutzlos herum, denn "eigentlich sind sie zu schade zum wegwerfen".

Andere Menschen wiederum suchen vielleicht genau diese Dinge können sie sich vielleicht nicht leisten, oder müssen Geld dafür ausgeben.

Wenn die Dinge noch gebrauchsbereit und in Ordnung sind, können sie einfach im Umsonst-Laden vorbeigebracht werden. Von der Vase über die Hose bis zur Brotmaschine nehmen sie alles, was andere gebrauchen könnten und verschenken es dann an diese weiter.

Geld gibt es im Umsonst-Laden nicht. Alles ist "umsonst". Damit stellt der Umsonst-Laden eine wirkliche Alternative zur Warengesellschaft dar, in der alles einen "Wert" hat und folglich Geld kostet.

Es gibt bereits mehr als zwanzig solcher Umsonstläden in Deutschland, die immer beliebter werden.

- http://www.umsonstladen.de/ übersicht über
  umsonstläden in deutschland
- http://www.umsonstladen.info/ umsonstladen
  in berlin
- http://www.alles-und-
  umsonst.de/kostenlos/umsonstlaeden.html
- http://www.neue-arbeit-
  hamburg.de/pmwiki.php/Main/Kleinm%f6bel -
  sammelstelle für nicht mehr gebrauchte Möbel,
  Projektidee aus Hamburg
  http://coforum.de/index.php4?5082 erläuterung
  zum kleinmöbellager
- http://co-forum.de/index.php4?Umsonstladen
  sammlung von umsonstläden in deutschland
- http://www.abfallgut.de/ dresdner abfallgut-hof,
  der kostenlos dinge weitergibt
- http://www.neue-arbeit-
  ham-
  burg.de/pmwiki.php/Main/10RegelnF%fcrEinEinf
  achesMiteinander Fahrrad-Selbsthilfe-Werkstatt
  als Teil einer wachsenden Projektgemeinschaft
  gegenseitiger Hilfe

Adressen (sortiert nach Postleitzahlen)

1. Umsonstladen Dresden - todo gratuido Kamenzer Straße 22, Montag bis Freitag, 16-19 Uhr http://www.soziales-zentrum-dresden.de

- abfallGUT e.V. Dresden, Heidestr. 34, 01127 Dresden Mo. bis Fr. 12 Uhr bis 19 Uhr und Sa. 8 Uhr bis 12 Uhr.Kontakt: Holger Metzner 0351 - 85 84 104 mailto:info@abfallgut.de

- Umsonstladen Dresden-Striesen, in der Projektwerkstatt, Spenerstr. 21, 01309 Dresden; Tel. 0351 - 31 234 456 http://www.spener21.de/pws

- Umsonstladen Leipzig, im Projekt Gieszer16, Gießerstr. 16, 04299 Leipzig Mo. und Do. 15 Uhr bis 20 Uhr http://www.umsonstladen-leipzig.tk

- Umsonstladen Berlin, Brunnenstraße 183, 10119 Berlin Tel.: 0160 92269345 Mo. 16 - 20 Uhr, Di. 11 - 14 Uhr, Do. 16 - 20 Uhr; Fr. 14 - 18 Uhr http://www.umsonstladen.info

- Umsonstladen Greifswald, Wolgasterstr. 2, 17489 Greifswald Die: 12 bis 15 Uhr, Fr: 15 bis 20:00. Tel: 0174-9093205

- Umsonstladen Rostock, Heiligengeisthof 16, 18055 Rostock Di 10.30-15 und Do 16-18 Uhr http://www.rostock-umsonst.de/

- Umsonstladen Lüneburg-Kaltenmoor, c/o Bürgertreff Kaltenmoor, Carl-Friedrich-Goerdeler-Str. 33, 21337 Lüneburg Di. 9 bis 12 Uhr und Fr. 14 bis 17 Uhr Kontakt: 04131 - 52 707

- Kostnix, Umsonstladen Hamburg Billstedt; eine Initiative von Studentinnen u. Studenten der Fachhochschule 'Rauhes Haus' Öjendorfer Weg 30 , 22119 Hamburg; Tel.: 040 - 36 09 58 23; Mo. 16 bis 19 Uhr, Di. 10 bis 13 Frei 13-16 Uhr http://www.kostnix-umsonstladen.de.vu

- Umsonstladen Hamburg Altona; im Stadtteiltreff 'Strese 150', Stresemannstr. 150, 22769 Hamburg; Tel. 040 - 39 90 64 88 Öffnung: Di. 18:30 bis 20:30 Uhr, Mi. 16 bis 20 Uhr, Fr. 10:30 bis 16 Uhr und Sa. 10 bis 12 Uhr 30 mailto: umsonstladen@web.de www.neue-arbeit-hamburg.de/pmwiki.php/Main/Umsonstladen

- Oldenburger Verschenkmarkt im alten Hallenbad, Berliner Platz 10, 26122 Oldenburg Di. 16 bis 18 Uhr, Mi. 12 bis 14 Uhr, Do. 16 bis 18 Uhr und Sa. 12 bis 14 Uhr

- Internet-Verschenkbörse: http://www.awb-oldenburg.de/verschenken

Kontakt: Käthe Nebel, Tel.: 0441 - 88 59 526

- Bremer Commune, Projekt Umsonstladen - 170705
  Bauernstr. 2, 28203 Bremen, Tel. 0421 - 70 66 16 ;
  Öffnung: Sa 15 bis 18 Uhr
  http://www.umsonstladen.de/bremen

- Umsonstladen Weyhe-Leeste (bei Bremen)
  Louise-Ebert-Zentrum, Hauptstr. 61, 28844 Weyhe
  (Leeste) Mi. 15 bis 17 Uhr
  Kontakt: Eva Böller Tel. 04203 - 71220

- UmsonstLaden Hannover - Mittelfeld Ahornstr. 4 ,
  30519   Hannover; Tel.: 0511 - 860 27 25 Mo, Mi
  und Do jeweils 12 bis 18 Uhr

- Fundgrube, Hannover-Vahrenheide Dunant-Str. 5 ,
  30179 Hannover; Di und Do 14 bis 16 Uhr
  Kontakt: Herr Behle, Tel.: 0511 - 373 18 54

- Umsonstladen Bad Münder (bei Hannover)
  Kontakt Monica Adelmann, Tel.: 05151-52490

- Umsonstladen Detmold, Martin-Luther-Str. 39, 32756
  Detmold Mi. 10 bis 12 Uhr und Fr. 16 bis 18 Uhr
  Kontakt: Claudia Ostarek,
  Tel.: 05231 - 69 180; Fax: 05231 - 18 117

- Umsonstladen Gießen Marburger Str. 23, 35398 Gießen; Tel. 0641 - 44 18 38 0 Mo 20-22 Uhr, Di 14-16
  Uhr, Mi 16-18 Uhr, Do 18-20 Uhr, Fr 12-18 Uhr, Sa
  14-16 Uhr http://www.umsonstladen-giessen.de.vu

- Ladenschluss - politischer Geschenke"markt", Ludwigstr. 11, 35447 Saasen; Tel.: 06401 - 903 28-3 Fax -5 Öffnung: Ständig ... Anruf ist nett - vielleicht ist mal keiner da
  http://www.projektwerkstatt.de/ladenschluss
  mailto:projektwerkstatt@apg.lahn
- Der Umsonstladen der Ökoscouts - Madamenweg 168, 38118 Braunschweig, Tel: 0531-82909 Öffnungszeiten telefonisch erfragen!
- Umsonstladen Magdeburg "lirumlarum" Brandenburger Str.9, 39104 Magdeburg Mo 15-18 Uhr & Fr von 13-17 Uhr
  mailto:umsonstladen-magdeburg@gmx.de
  http://www.umsonstladen-magdeburg.gmxhome.de
- Umsonstladen Göttingen im JUZI - Jugendzentrum Innenstadt, Bürgerstr. 41 / 1. Etage, 37073 Göttingen; Tel. 0551 - 74557 (nach Umsonstladen fragen) Öffnung: So. 13 bis 15 Uhr
- Umsonstladen Köln - Mülheim - Berliner Str. 77, 1.OG
- „brauchbar" - Umsonstladen in Bonn im Oscar-Romero-Haus, Heerstr. 205, 53111 Bonn-Nord Di. von 18-20 Uhr
  http://anarchosyndikalismus.org/educat/brauchbar/
- Umsonstladen Stuttgart

- <u>Umsonstladen Freiburg</u> Basler Str. 103 (KTS), 79100 Freiburg i. Br. Di. 17 bis 19 Uhr und Do. 16 bis 20 Uhr

  Kontakt: Thomas Eikerling, Tel. 0761 / 38 26 53 o.

  Emailadresse: umsonstladen-freiburg@web.de

- <u>Umsonstgarage München</u>
- <u>Umsonstladen</u> im Internet: http://www.alles-und-umsonst.de/

  Allesundumsonst, Postfach 80325, 10003 Berlin

  mailto:info@alles-und-umsonst.de

Homepage der Umsonstläden in Deutschland:

http://www.umsonstladen.de

NutzerInnenGemeinschaften

Was ist eine NutzerInnengemeinschaft ?

NutzerInnengemeinschaften (NutziGems) sind Personen, die etwas gemeinschaftlich nutzen. Im Prinzip ist eine NutziGem ein Freundeskreis oder umgekehrt sind viele Freundes- und Bekanntenkreise auch eine NutzerInnengemeinschaft.

Fast überall, wo man sich kennt wird etwas gemeinsam genutzt, ausgeliehen, illegal vervielfältigt, verschenkt, dauerhaft zur Verfügung gestellt, sich gegenseitig beigebracht und geholfen usw. Alles kann in solchen NutziGems landen, d.h. einerseits natürlich Gegenstände (die Bohrmaschine, der Eiscrusher, das Wohnmobil...), dann aber auch Strukturen (das Gästezimmer, der Internetzugang, der Partykeller...) und häufig auch Fertigkeiten und Wissen (Computerkenntnisse, Umzugshilfe, Reparaturkönnen...).

Die ganze Gesellschaft funktioniert so, nur dass im Bekannten- und FreundInnenkreis solche Formen gemeinsamer "Nutzung" meist ohne Geld über die Bühne gehen.

Klar, alle gucken schon ein wenig auf den Zustand und die Entwicklung des Verhältnisses zu den jeweiligen AusleiherInnen oder Unterstützten, aber ob die Gegenseitigkeiten insgesamt wirklich auch im Barwert oder in der Nettoarbeitszeit genau ausgeglichen wären, interessiert oft nur am Rande.

Oder, um nicht nur den quantifizierbaren Teil dieser Vereinbarung in den Blick zu nehmen:

Eigentlich gibt es überhaupt keine fixe Regel, nach der sich solche Formen von NutziGems bilden. Der eine hat diese Bedingung, die andere macht es so. Mit wem die Einzelnen überhaupt, mit welchen Zielen und mit welchen konkreten Inhalten zu einer Vereinbarung über eine gemeinschaftliche Nutzung von Gegenständen, Strukturen und Fertigkeiten kommen ist sehr unterschiedlich.

Das ist eine althergebrachte NutziGem, etwas völlig alltägliches, allgemein bekanntes und übliches. Eine Vereinbarung zur gemeinschaftlichen Nutzung ist ein soziales Verhältnis auf Gegenseitigkeit, aber ohne die übliche Tausch- oder Marktlogik oder zumindest mit einem gewissen Potential für Selbstbestimmung und Tauschwerteliminierung.

- http://www.laich.info/nutzigem - Menschen, die versuchen eine software für Nutzigems zu entwickeln
- http://www.nutzigems.org, Internetseite zu NutzerInnengemeinschaft

Orte, deren Infrastruktur von allen Menschen kostenlos genutzt werden kann

- http://www.offeneuni.tk Offene Uni Berlins, in Berlin
- http://www.unperfekthaus.de/restaurant/ Infrastrukturhaus, dessen Möglichkeiten von interessierten kostenlos genutzt werden kann, diverse initiativen, in Essen
- http://www.projektwerkstatt.de/adressen/ - übersicht über Projektwerkstätten

andere Ansätze / umsonst leben

- http://www.tiersitterboerse.de/ - tiersitterbörse (kostenlos)
  http://www.landshut.org/members/Flexhead/Tips/billig_Leben.html "

Die Mittagstafel

Der Tafelgedanke

Nicht alle Menschen haben ihr täglich Brot – und dennoch gibt es Lebensmittel im Überfluss.

Die Tafeln bemühen sich um einen Aus-
gleich – mit ehrenamtlichen Helfern, für
die Bedürftigen Ihrer Stadt.

Das Ziel der Tafeln ist es, dass alle quali-
tativ einwandfreien Nahrungsmittel, die im
Wirtschaftsprozess nicht mehr verwendet
werden können, an Bedürftige verteilt
werden.

Die Tafeln helfen so diesen Menschen eine
schwierige Zeit zu überbrücken und geben
ihnen dadurch Motivation für die Zukunft.

Deine Tafel vor Ort, aus jedem Bundes-
land, findest du unter der Adresse:
www.tafel.de/tafelsuche.php oder
**Bundesverband Deutsche
Tafeln e. V.**
Lange Brückstraße 14
24211 Preetz
Tel.:04342-309160

Sozialkaufhaus

Sozialkaufhäuser sind neuartige "Kaufhäuser" für finanziell Schwache. Sie sind Einrichtungen mit **diakonischer** Trägerschaft evangelischer Kirchen. Sie sollen eine erschwingliche Einkaufsmöglichkeit bieten für Gebrauchsgüter und Haushaltswaren. Die Preise liegen zwischen zehn Cent und 199 Euro.

Du benötigst
- ☐ ein Möbelstück – es darf aber nicht viel kosten,
- ☐ Ersatz für den defekten Herd – können sich jedoch einen
   neuen nicht leisten,
- ☐ ein Kleidungsstück – es darf auch Second-hand sein,
- ☐ ein Geschenk – und es soll etwas ganz Besonderes sein.

Dann bist du im Sozialkaufhaus richtig!

Sozialkaufhäuser bieten zu wirklich sozialen Preisen
- ☐ Möbel von der Kücheneinrichtung bis zum Schlafzimmer
- ☐ Elektrogeräte, fachmännisch geprüft (jedoch ohne Garantie)

☐ Unterhaltungselektronik, vom Fernsehgerät bis zum Plattenspieler

☐ Bekleidung, die Trends von damals und heute

☐ liebenswerten Schnickschnack

Hier ein Ausschnitt von Sozialkaufhausadressen ohne Anspruch auf Vollständigkeit:

Sozialkaufhaus
Grombühlstraße 52
D-97080 Würzburg
Fon: +49 (0)931 2878424
Sozialkaufhaus KreisLauf
Bahnhofstr. 8a
91315 Höchstadt
 Fon: 09193 / 68 93 63

GGFA Sozialkaufhaus
Gräfenbergerstraße 3
91077 Steinbach/Kleinsendelbach
Öffnungszeiten
Montag bis Mittwoch: 08.30 – 12.00 Uhr, 13.00 – 16.30 Uhr
Donnerstag: 13.00 – 17.30 Uhr
Freitag: 08.30 – 13.30 Uhr
1. Samstag im Monat: 08.00 – 13.00 Uhr

Weitere Sozialkaufhäuser Herzogenaurach, Erlanger Str. 62 und Höchstadt/Aisch, Bahnhofstr. 8a

Das Sozialkaufhaus "inpetto" in 99974 Mühlhausen, Karl- Marx- Str. 9 Ansprechpartner in Mühlhausen: Herr Winfried Montag, Tel. Nr. ist 03601/ 83280 Einzugsgebiet: Mühlhausen und Umgebung

Partner: ARGE des Landkreises UH, Stadt Mühlhausen, KAB Menteroda , Diakonie

Tipp: Definition "Sozial Schwache"

Als „Sozial Schwache" wird hier die Gruppe der Haushalte mit einem Monatsnettoeinkommen von unter 1500 Euro definiert.

Tipp: S o z i a l – Tarife

E.ON prüft vergünstigten Tarif für sozial schwache Stromkunden

(28. April 2006) Der Energieversorger E.ON prüft die Einführung eines stark vergünstigten Stromtarifs für seine sozial schwachen Kunden. Vor einer Entscheidung sollen aber die Erfahrungen eines entsprechenden Pilotprojekts in Bayern abgewartet und ausgewertet werden. Demnach soll der Sozialtarif mit karitativen Einrichtungen entwickelt werden und den Betroffenen Einsparungen von etwa 40 Prozent bringen. Insgesamt sollen mindestens 10 000 Kunden von E.ON Bayern diesen Tarif erhalten können. Die Subventionierung werde das Unternehmen mehrere Mil-

lionen Euro pro Jahr kosten. Bis zum Sommer soll das Pilotprojekt angelaufen sein.

Tipp: Kulturticket für sozial schwache Menschen in Potsdam
Ab 1. September 2006 wird es in der Landeshauptstadt Potsdam ein Kulturticket für bedürftige Menschen geben. Voraussetzung dafür sei, dass Käufer einen Sozialpass hätten, sagte eine Stadtsprecherin am Montag in Potsdam. Grundsätzlich berechtigt seien Empfänger des Arbeitslosengeldes (ALG) II, Sozialhilfeempfänger, Rentner sowie Asylbewerber.

„Rechtsambulanzen"

für sozial Schwache

Rechtsambulanz Sozialhilfe e.V.
Exerzierstr. 23
13357 Berlin - Wedding

Tel: (030) 460 675 34
Fax: (030) 460 675 51
E-Mail: info@rechtsambulanz.de

Nach Berliner Vorbild sind **jetzt in München** sogenannte "Rechtsambulanzen für sozial Schwache"

103

eröffnet worden. Insbesondere Arbeitslosengeld-II-Empfänger werden kostenlos oder für ein geringes Honorar über staatliche Hilfsangebote und gesetzlich verankerte Rechtsansprüche aufgeklärt. Rechtsanwälte und Sozialarbeiter beraten gemeinsam. Die Idee stammt von Ralf Rothkegel, Richter am Bundesverwaltungsgericht. München ist die zweite Stadt in Deutschland, die eine derartige niedrigschwellige Rechtsberatung aufgebaut hat.

In München trägt der Verein "Einspruch", der auch eine Frauen-Rechtsschule betreibt, die "Rechtsambulanzen". Die Arbeit wird unter anderem vom Sozialwerk Innere Mission München unterstützt. "Mit Armut geht ein erschwerter Zugang zur rechtlichen Beratung und anwaltschaftlichen Vertretung einher", so die Initiatoren. Prozesse mit geringem Streitwert, wie sie im Sozialhilfe-Bereich häufig anfallen, seien für viele Rechtsanwälte nicht attraktiv. "Hartz IV vervielfacht nun den Beratungsbedarf, zumal die neuen Gesetze rechtlich schwierig und mit vielen Streitfragen behaftet sind", sagt Lilli Kurowski von "Einspruch". Eine "bessere rechtliche Waffengleichheit für sozial Schwache" werde angestrebt.

Interessenten können sich an Einspruch e.V., Sedanstr. 37, 81667 München, Tel: 089/4802649, Fax: 089/69373341, e-mail: einspruch-muenchen@web.de wenden.

104

Was bekomme ich vom Staat?

Viel ist es nicht mehr, was du vom Staat bekommst und das wenige wird auch noch durch etliche Formulare, diverse Nachweise und anderen bürokratischen Unsinn erschwert.

Doch woher willst du wissen, dass du tatsächlich alles bekommen hast, was dir zusteht. Oft liegen fehlerhafte Berechnungen vor oder die Mitarbeiter wissen gar nicht wie die einzelnen Gesetze tatsächlich angewandt werden.

So wurde in den fast zwei Jahren seit Einführung des Kinderzuschlags jede zweite Ablehnung nachweislich falsch berechnet.

Die Frage, die meistens als erstes auftaucht ist, wo bekomme ich was her? Das werden wir dir zeigen im Verlaufe der weiteren Kapitel.

Und was steht mir zu, ist dann die zweite Frage. Diese Frage lässt sich leicht beantworten. Unter **www.lycoos.de/ratgeber** hast du mehrere Rechner wie den **Bafögrechner, Kinderzuschlagsrechner, ALG II- Rechner**, usw. Dort kannst du deine Daten eingeben und die Berechnung einsehen und zu Vergleichszwecken ausdrucken.

Durch den Dschungel der Ämter

Erst einmal werden wir dir zeigen, wo du welche Gelder bekommst. Denn durch Hartz IV und den Wegfall des Sozialamtes an sich ist viel Verwirrung entstanden. Nicht selten wirst du von einem Amt zum nächsten geschickt, ehe du endlich entnervt beim richtigen Amt landest und das hat zu, weil deine Odyssee den ganzen Tag beansprucht hat.

BAföG Landkreis oder Stadtverwaltung, Amt für Soziales

ALG I Arbeitsamt deiner Stadt oder des Landkreis

ALG II Arbeitsgemeinschaft deiner Stadt oder des Landkreis

Sozialhilfe Stadtverwaltung oder Landkreis, Abt. Soziales

Wohngeld Wohngeldstelle des Landkreises u. Stadtverwaltung

Kindergeld Familienkasse deines Arbeitsamtes

Kinderzuschuss Familienkasse deines Arbeitsamtes

Elterngeld   Landkreis oder Stadtverwaltung, Abt. Soziales u. Familie

Unterhaltsvorschuss Land- oder Stadtkreis, Jugendamt

Waisenrente Rentenbeauftragter des Landkreises (auch im Bürgerbüro)

Schwerbehinderung Landkreis und Stadtverwaltung, Abt. Soziales

Pflegegeld   deine Krankenkasse

Über Anträge, Formularerklärungen und Anlaufstellen informieren wir dich in unseren anderen Büchern aus der Serie „Ratgeberecke" ganz ausführlich.

Dabei stellen wir dir hilfreiche Links und Foren im Internet vor, wo du dir Hilfe suchen kannst, sollten wir eine Frage mal nicht ausreichend beantworten.

Wir werden dir Rechenbeispiele vorstellen und ein paar Tipps geben, wie du mit einer Ablehnung umgehen musst und welche kleinen Tricks manchmal helfen.

Nebenbei werden wir dir die notwendigen Formulare vorstellen und dir erläutern, was man bei manchen Fragen eigentlich von dir wirklich will.

Wir hoffen, dir hat dieses Buch geholfen. Solltest du mehr Fragen haben, dann helfen dir vielleicht die folgenden Bücher aus unserer Serie **„Ratgeberecke"** weiter:

- **Arbeitslosengeld I & Hartz IV**
  ISBN: 9783837011272

- **Studienkredite und Co**

- **Stiftungen - ein Auslaufmodell? Adressen, Leistungen und Checklisten**

- **Was Recht ist – rechtliche Hilfe und Erklärungen**

- **BAföG, Tricks, Tipps, Formblatterklärungen und Anlaufstellen**
  ISBN: 9783837012156

- **Pflegeleistungen, Sozialleistungen – Tricks, Tipps, Formularerklärungen**

- **Kinder, Kinder- Tricks, Tipps, Formularerklärungen rund um die Leistungen für Kinder**

Inhaltsverzeichnis: